CAPRICES

D'UN

BIBLIOPHILE

TIRÉ A 572 EXEMPLAIRES :

500 sur papier vergé de Hollande.

50 sur papier Whatman extra-fort.

(Numérotés de XI à LX.)

10 sur papier de Chine.

(Numérotés de I à X.)

10 sur papier de couleur.

(Non mis dans le commerce.)

2 sur parchemin choisi.

CAPRICES D'UN BIBLIOPHILE

PAR OCTAVE UZANNE

Ad. Lalauze inv. et sc.   Ed. Rouveyre, Éditeur.   Imp. Salmon.

CAPRICES

D'UN

BIBLIOPHILE

PAR

OCTAVE UZANNE

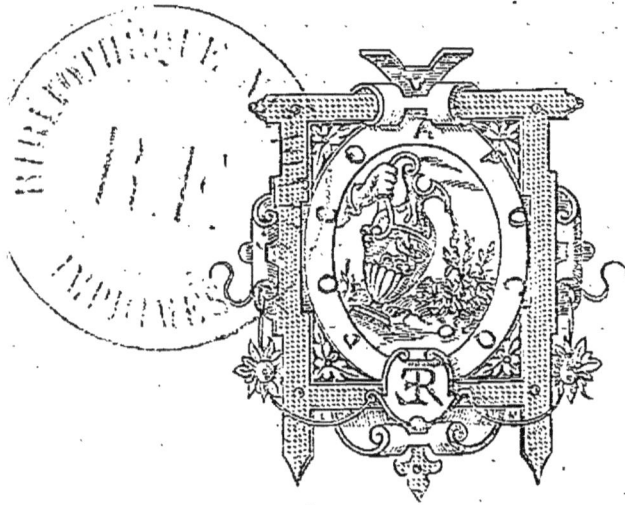

PARIS

LIBRAIRIE ANCIENNE ET MODERNE

ÉDOUARD ROUVEYRE

I, RUE DES SAINTS-PÈRES, I

1878

PRÉFACE

AU LECTEUR

Sunt bona, sunt quædam mediocria, sunt plura mala;
Qui legis hæc, aliter non fit, Avite Liber.

MARTIAL.

CETTE *époque archi-philosophique, disait un misanthrope du dernier siècle, un auteur ne rougit pas de se brûler, dans sa préface, tout l'encens dont le public seul est comptable. — Certains écrivains, nous devons l'avouer, se sont un peu trop montrés les ridicules thuriféraires de leurs œuvres*

personnelles ; mais il faut ajouter, pour être juste, que, lorsqu'on plaide pro domo suâ, il est difficile, par modestie, de ne pas faire parade d'une certaine dose de vanité.

Une préface est à un ouvrage, non-seulement ce que l'affiche est à une comédie, c'est aussi le plastron, le rempart, le Palladium du livre ; c'est par elle, le plus souvent, que sont parés les terribles coups de boutoir de la Critique, c'est derrière elle que l'Auteur se réfugie, après y avoir déposé comme sauvegarde, ses propres aveux, ses craintes, ses pudeurs, ses délicatesses ; après s'y être laissé voir sous le jour le plus propice, dans un laisser-aller bon enfant ou dans la joie orgueilleuse de l'œuvre accomplie. — Lorsqu'un lecteur tient son ouvrage, et qu'armé de toute sa sévérité, il se prépare à entamer le premier chapitre, le pauvre Auteur, tremblant, presque défaillant dans la pensée d'être ainsi pris au dépourvu, n'a-t-il pas le droit de lui crier : « Un instant... de grâce, écoutez-moi ! Deux mots, rien que deux simples mots, je vous en prie ! et je me livre à vous ! » — La préface, c'est le salut au lecteur, et trop souvent, hélas ! ce terrible salut des Gladiateurs à Cæsar, le : Morituri te salutant.

Il existe, en Littérature comme en Art, deux façons de procréer bien distinctes : l'une, lente et réfléchie, réclame le travail et impose quelquefois la paresse, cette bonne couveuse, comme la nommait Montaigne ; l'autre, fantaisiste, toute de prime-saut, jaillit subitement de l'inspiration ou de l'éréthisme des sensations éprouvées. — La première méthode donne pour résultat des œuvres mûries, soignées, polies, coordonnées et bien léchées : celles-ci sont filles légitimes de l'étude et de l'application ; la seconde manière produit des opuscules, souvent vifs et colorés, quelquefois ingénieux, hardis, ayant le débraillé, la belle humeur des enfants de Bohême : ceux-là sont bâtards du caprice, du paradoxe ou de la frivolité.

C'est de cette génération spontanée que sont issues ces Boutades de Bibliophile ; elles ont été mises au jour dans les innocents badinages d'une plume qui s'essaye et se repose ; elles ne possèdent pas la pondération, la gravité, le solide, le fini des choses ciselées à froid ou faites méthodiquement et à temps voulu ; elles ont la valeur de croquis sans prétentions ou pour mieux dire de Pochades bibliographiques, rien de plus.

Alors que nous ne songions même pas à les réunir en volume, le livre s'est trouvé fait. — Au jeune Bibliographe, est venu tendre la main un jeune Éditeur plein de foi dans ses entreprises ; bien plus, un Artiste du plus grand talent dont nous ne saurions nous montrer trop fier de revendiquer l'amitié, a dessiné et gravé, pour nos Caprices, un frontispice spirituel, délicat, exquis de composition et d'habileté de faire, si coquet d'ensemble et de détails que Gravelot ou Eisen s'en seraient disputé la signature. Ajoutons à cela la bienveillance marquée que les Bibliophiles ont

daigné nous accorder jusqu'à ce jour, et l'on conviendra
qu'avec de tels éléments de succès, il nous faudrait être bien
peu téméraire, pour ne pas embarquer sur ce frêle esquif
juste ce qu'il faut d'espérance pour ne pas le faire chavirer,
en songeant que les livres ont leur destin, et que la bonne
devise, pour tout ouvrage que l'on abandonne à la merci
de l'opinion publique, est : Vogue la galère !

Octave Uzanne

Paris, 15 février 1878.

UNE VENTE DE LIVRES
A L'HOTEL DROUOT

Ma Bibliothèque aux Enchères.

> Les amères douleurs, les regrets,
> la mort se peignent dans mes songes.
> J.-J. ROUSSEAU.

I

IL est des jours où l'on se pend à Londres, dit-on, sans savoir pourquoi. Ce soir là j'étais rentré terriblement agacé, les nerfs tendus comme les cordes d'un violon, la mine morose, l'allure courbée, dans un accablement intense. Il me bruinait au cœur tant la sombre tristesse m'envahissait, et je logeais dans ma cervelle tous les diables noirs de la mélancolie. J'étais bourru, aigre, hargneux, misanthrope; une sorte de fièvre maligne ravageait tout mon être et j'eus payé bien cher l'occasion de pleurer.

Il ne me souvient pas, cependant, d'avoir rencontré le plus petit créancier, ni lu le moindre discours académique, rien d'anormal n'avait voilé mon front d'un crêpe de deuil, rien!... Je m'étais uniquement promené une partie du jour dans les différentes salles de l'hôtel des ventes; je m'étais promené, tenant en laisse la meute affamée des désirs les plus ardents.

O poëtes et artistes, amants passionnés du beau, vous qui dansez sur la corde roide d'un budget fictif et qui jonglez avec les boules d'or de vos caprices, vous qui ne songez qu'à moelleusement capitonner l'existence selon votre guise, vous tous, compétiteurs de luxe, il vous sera aisé de me comprendre : — savez-vous rien de plus digne d'engendrer le spleen nébuleux que la vue de superbes collections d'objets d'art dispersés à votre nez, à votre barbe, par le sort railleur des enchères.

Vous êtes là, haletants; au banquet de la vente, infortunés convives, vos lèvres s'entrouvrent pour surenchérir, vos mains se tendent vers le bibelot désiré, votre imagination en tapisse déjà le coin le plus nu de votre appartement; dans le supplice de la convoitise, votre pouls bat plus fort, votre sang brûle, votre poitrine est oppressée, mais la déesse raison, cette froide bégueule, vous chuchote à l'oreille des réalités frappées à la glace.—*Ceci* tue *cela*, et, tandis que le commissaire-priseur détaille, de son verbe haut, des beautés que vous n'admirez que trop, votre bourse, triste thermomètre de vos ressources, accuse dans la poche sa maigre rotondité.

C'est pour avoir éprouvé ces Tantalesques émotions que le ciel de mon âme s'était assombri ; les morsures aiguës des désirs avaient fourbu mes sens... Je rentrai, remorquant ma fatigue au logis.

II

Le nid que l'on se crée, le chez soi étoffé avec amour, le coin marqué au sceau de sa fantaisie, l'intérieur, en un mot, où la banalité du dehors ne saurait avoir accès, le *Home*, est et sera toujours une fraîche oasis, ou nous aimons à nous reposer des tracas de la foule. Les plus grandes tristesses s'y calment, le moral s'y retrempe dans le laisser-aller du bien-être, l'individualité y puise une nouvelle énergie.

Ouf ! avec quel nonchaloir on se laisse tomber dans le grand fauteuil qui tend les bras, et que, la tête renversée, dans un délassement alangui, il est doux, après une journée de fatigue, de promener un œil mi-fermé sur tout le fouillis domestique qui nous environne. Tous les objets, ces élus du goût, semblent devenir plus chatoyants pour le retour du maître, ils lui sourient, et dans le langage mystérieux des choses, ils paraissent le saluer joyeusement à son arrivée.

Ce fut avec un bonheur mêlé de reconnaissance, que je contemplai ce soir-là mes richesses,
meubles anciens, statuettes, potiches, tableaux
et gravures, tous ces jolis riens amassés avec
patience ; ma Bibliothèque se dressait fière-
ment, comme orgueilleuse de son noble faix, et
la vue de mes livres me rasséréna.

Ils étaient là, tous alignés, dans une magistrale
mitoyenneté, splendides comme à une revue ;
les reliures à petits fers brillaient, semblables à
de beaux uniformes, les volumes brochés supportaient modestement leur primitif vêtement et le
vieux veau brun distillait dans l'air ce vétuste
parfum qui énivre si délicieusement les amoureux
du Bouquin.

Je regardai avec joie mes chers livres, anthologie
de ma passion ; je me surpris à détailler leurs
charmes, à compulser leur beauté, à analyser
leurs perfections ; je les caressai de l'œil, je les
eus volontiers embrassés, et mes sensations va-
niteuses de Bibliophile vibrèrent avec intensité.

« Bouquins adorés, ô mes amis, vrais consolateurs de celui qui vous possède, que de jouis-
sances vous versez dans nos cœurs et que barbare
est celui qui vous méprise ! vous êtes toute la
sagesse, la vie, le cerveau, la quintessence des
siècles passés ; bouquins adorés, ô mes amis, je
vous vénère à l'égal des Dieux ! »

Le somniférant Morphée me paraissait cette
nuit-là, occupé à secouer ses pavots sur d'autres

paupières que les miennes , je résolus d'attendre patiemment les loisirs de cette déité inconstante et, prenant sur un rayon, une plaquette, petit in-12, reliée en maroquin blanc avec coins, je fus me coucher pour lire dans le grand silence de minuit.

Je ne tardai pas néanmoins, peu à peu, à m'endormir profondément et un essaim de songes tortionnaires vint papillonner dans mon alcôve..

III

Je flânais en rêvant, ou je rêvais en flânant, au milieu de ce grand mouvement, de ce perpétuel va-et-vient dont l'hôtel Drouot est le spectacle à l'époque des belles ventes — c'était une cohue : D'adorables petites femmes mises avec une grâce exquise, des messieurs très décorés, financiers, peintres, hommes de lettres, des marchands et marchandes à la toilette, des commissionnaires, que sais-je ! — Je m'arrêtai en premier lieu à la salle n° 2 : On y vendait des tapisseries des Gobelins, des meubles Renaissance, des bronzes, des faïences italiennes et japonaises, des émaux, des statues, tout un bric à brac étonné de se trouver réuni.

Armé de son maillet d'ivoire à manche d'ébène, lorgnon sur l'œil, la face rouge, rasée de frais,

plus impétueux que jamais, Maître Oudard pon-
tifiait. — Je m'approchai.

« Nous allons vendre, disait l'expert, *deux
colonnes Doriques avec tores et chapiteaux en
Brocatelle*, l'une est en brèche de Sicile, l'autre
en porphyre rouge de Suède.... Remarquez, je
vous prie, la beauté de ces deux pièces, c'est une
occasion unique. »

Voyons, Messieurs, reprenait Me Oudard, *deux
superbes colonnes Doriques des plus curieuses*,
combien dit-on ?... Il y a marchand à .....tant,
Personne ne couvre l'enchère ? c'est pour rien ,
Messieurs ;... une fois, deux fois, vu, personne
ne dit mot ? Examinez ces deux pièces, je vous
prie ;... une fois, deux fois, vu, non ;... pas par
vous à gauche, c'est donné, Messieurs, vu, non,
on renonce..... Adjugé. »

Les garçons emportaient, un mouvement se
faisait dans l'auditoire, puis l'expert avec calme
mettait un nouvel objet en vente , et la voix
de Me Oudard reprenait de plus belle : «une fois,
deux fois, vu,... non, faites passer,... vu, personne ne dit mot ... vu,... non, on renonce ;... »
pour accentuer, d'un coup de maillet sec, l'ir-
rémédiable : Adjugé.

Ces deux colonnes Doriques ne m'étaient pas
inconnues, et afin de me rendre compte de leurs
provenances, je demandai les catalogues du jour
au distributeur qui passait.

Mais, hélas ! Il ne s'agissait plus de colonnes

Doriques, sur l'un des catalogues que je venais de réclamer, *Horresco referens* ! Je lus les lignes suivantes imprimées en rouge et noir sur la couverture bleu tendre d'un assez copieux in-8° :

« CATALOGUE DES LIVRES ANCIENS ET MODERNES, *rares et curieux. — Belles-lettres, Histoire, Beaux-Arts et Théâtre. — La plupart ornés de belles reliures et de cartonnages fantaisistes. Provenant de la Bibliothèque de M...* »

Ici mes Nom, Prénoms et Qualités s'étalaient scandaleusement. — Le *Mané, Thécel, Pharès* ne dut pas étinceler aussi lumineux aux yeux de Balthazar que les détails imprimés que je venais de lire ne brillèrent aux miens ; je crus devenir fou, un frisson glacial parcourut tout mon corps. Je réunis ce qu'il me restait de forces pour ne pas m'évanouir, et, blême, défait, dans un état impossible à décrire, je m'élançai vers la salle n° 6 où la vente devait avoir lieu.

IV

La salle n° 6 était magistralement pleine. Impossible de me frayer un passage par la porte du vestibule. Je me rendis au magasin également encombré et là, avec grandes peines, je parvins, à gravir sur un tabouret d'où je découvris un affreux spectacle.

Mᵉ Maurice Delestre occupait la chaire, correct et élégant comme un jeune sportman ; à sa droite, derrière une table surchargée de livres, la tête maigre et à lunettes de M. L.. surgissait. Des garçons emmagasinaient brutalement des livres que je ne pus voir, mais que je reconnus aux palpitations de mon cœur... Et d'ailleurs pourquoi douter ? N'avais-je pas là devant moi, horrible ! horrible ! horrible ! mes trois corps de bibliothèques à colonnes torses que les draperies vertes de la salle rendaient encore plus belles ?

Les rayons étaient déjà clair-semés, je cherchai des yeux mes trésors des xvıᵉ, xvııᵉ et xvıııᵉ siècles,... disparus ! Une sueur froide inondait mon front, mes jambes faiblissaient ; je voulus crier, appeler, faire rendre gorge aux acquéreurs et assassiner dans la même haine MM. L...et Maurice Delestre, complices de cette noire trahison ! Hélas ! mes jambes étaient fixées au tabouret et ma voix paraissait s'être à jamais figée dans mon gosier; il me fallut demeurer spectateur de pierre avec une âme de feu, et me résoudre à voir et à entendre sans proférer un son.

J'examinai la salle.

Au premier rang toute la haute librairie patentée était assise, coudes sur tables, crayon aux dents, catalogue ouvert. Je reconnus les yeux ardents du jeune Ed. R..., la silhouette de Faune de M..., et le visage rabelaisien de son associé F...; puis, plus loin, dans la pénombre, le profil railleur de C..., la désinvolture de Le F.... et la haute taille de V..., ainsi que les figures bien connues de D..., de St-D..., de R..., de B.. , de H..., et autres. — Toute la fine fleur des bouquinistes parisiens.

Au second plan, ô torture ! hissés sur des chaises, mes amis au grand complet, joyeux, pimpants, se frottant les mains et inspectant mon catalogue avec des petits sourires entendus. J'étouffais.

L'inquisiteur... je veux dire le filet de voix aigre, grêle et perçant de M. L... rompit ce silence.

« No 160, clama-t-il. Nous allons mettre en vente les Romantiques dont la collection est surtout remarquable ! »

« No 160. *Théophile Gautier*. LA COMÉDIE DE LA MORT, *Paris*, *Desessart*, *1838*, in-8, broché. *Édition originale*. »

« Il y a plusieurs états de la vignette de Louis Boulanger gravée par Lacoste. Exemplaire en admirable état, la reliure est de fantaisie. Les plats en cuirs japonais à ramages, les gardes sont ornées d'étranges dessins représentant une Danse Macabre. — Je demande 150 francs. »

Quelques libraires esquissèrent une hilarité Homérique, mais tout le clan sérieux tendit les bras. Les prunelles tombèrent en arrêt, on entendit des « *on demande à voir* » de tous côtés, et un grand bourdonnement parcourut l'assistance.

On demande 150 francs, répéta Mᵉ Maurice Delestre.—Il y a marchand dit résolument un de mes amis les plus intimes,—160 lança ED. R..., —180 fit M..., —200 reprit l'ami intime...—Ce fut un ouragan d'enchères, au milieu desquelles, ô surprise! je crus remarquer la voix délicate et timide d'une femme.

V

Cette petite voix féminine était langoureuse et frémissante ; par une filiation mystérieuse, elle semblait comprendre mon martyre et mon impuissance ; c'était comme un écho de moi-même qui résonnait dans la salle, et, sans le mutisme épouvantable dont j'étais frappé, je n'aurais pas, à ma propre vente, mieux conduit les enchères.

Elle était fière et vibrante jusque dans sa timidité, cette chère petite voix féminine, aussi je la bénissais en dépit de ma douleur et de ma rage, et tous mes plus galants désirs se portaient vers le coin d'ombre d'où elle me paraissait sortir. — A 350 francs ; LA COMÉDIE DE LA MORT fut adjugée à cette folle enchérisseuse.

J'attendais qu'on lançât le nom de ma sympathique inconnue;... qui cela pouvait-il bien être?... J'étais sur des charbons ardents et ma curiosité n'avait plus de bornes. Hélas! aucun nom ne fut prononcé et le crieur fit silencieusement passer au commissaire-priseur une carte, une simple carte,... un bristol rosé du plus doux effet. Je me pris à bâtir les suppositions les moins fondées, tout en scrutant du regard les personnes assises ou debout ; mais, soit que ma vue fût troublée, soit que, dissimulée habilement dans la foule, la dame ne tînt pas à être découverte, il me fut impossible d'entrevoir le plus mignon profil fuyant, pas un bout de dentelle, une main gantée, une plume de chapeau, une mèche de cheveux blonds ou bruns, rien,... absolument rien ; je ne vis que la houle mugissante des spectateurs, attentifs et prêts à dévorer mes Romantiques.

Le monotone, agaçant et peu viril organe de M. L... reprenait la nomenclature du catalogue.

VI

Il serait trop long de peindre la furia des enchères. Jamais, de mémoire de libraire, on n'avait vu bataille si acharnée. Me Maurice Delestre s'était levé, l'œil mobile, la voix saccadée, droit comme un général au feu. Le crieur paraissait exténué, tant l'animation était grande, et, sous

les verres convexes de ses lunettes, les yeux de
l'expert marquaient un suprême ahurissement.
Le marteau d'ivoire voltigeait dans l'air et ne
pouvait s'abattre, c'est à peine si l'on entendait
le bruit des salles voisines et, sur leurs chaises
hissés, mes amis se regardaient effarés.

Dans cette mêlée de voix mâles, la petite voix
de femme se faisait entendre, sonore comme un
clairon qui rallie, elle était devenue plus altière
et possédait des intonations hardies et chaudes.
Brave petite voix féminine ! elle menait ma vente
tambour battant, elle montait crânement à l'assaut par des surenchères de dix, quinze et vingt
francs. Vrai Dieu ! je l'adorais, j'avais presque
oublié que j'assistais au plus affreux des désas-
tres, mais,... pourquoi ne pouvais-je la découvrir ?

Tous mes Romantiques s'élevèrent à des prix
inouïs, et tous, chose singulière, furent adjugés à
la suave petite voix. Pas un des *Gautier*, éditions
originales, avec reliures étranges et envois curieux, ne descendit au-dessous de 200 francs. Les
Victor Hugo de chez *Renduel* et de chez *Gosselin
et Bossange*, les *Musset* de chez *Urbain Canel ;*
les *Sainte-Beuve*, les *Nodier*, les *Drouineau*, les
Mérimée les *Antoni Deschamps*, les *Alphonse
Royer*, etc., tous de la bonne date, furent payés
au poids de l'or ; La Madame Putiphar de Pétrus
Borel, avec un quatrain très-bizarre du Lycan-
thrope, atteignit 500 francs, et un exemplaire
intact des Roueries de Trialph, *notre contem-*

porain avant son suicide, eut l'honneur d'être violemment disputé, jusqu'à la somme de 370 francs.

Bref, ce fut du délire, et mon orgueil délicieusement chatouillé pansait de son mieux les plaies que cette cruelle vente avait faites dans mon cœur de Bibliophile.

VII

Je me fis tout à coup cette judicieuse réflexion que je n'étais arrivé, dans la salle nº 6, qu'au nº 160 (série des belles-lettres, XIXe siècle) de mon catalogue, car, par suite d'une rédaction tout à fait anormale, ledit catalogue se trouvait divisé en quatre grandes séries numérotées séparément.

La première partie se composait des XVe et XVIe siècles. Le XVIIe siècle formait la seconde partie, la plus complète de ma Bibliothèque, et mon titre le plus sérieux à ma gloire de chercheur. Une admirable collection de livres à vignettes et d'ouvrages gaillards du XVIIIe siècle donnait à ma troisième série plus de 500 numéros, et la quatrième partie enfin se trouvait remplie par nos maîtres contemporains du XIXe siècle, depuis *Népomucène Lemercier,* jusqu'à J. Barbey d'Aurevilly, de Goncourt et Zola.

Je songeai donc avec effroi que ma vente était sans doute arrivée à sa quatrième ou cinquième vacation et que je ne devais pas me laisser aussi mollement bercer par l'heureux succès de mes Romantiques.

Mais comment savoir les prix d'adjudication des livres vendus les jours précédents ?

J'étais là sans voix, presque inerte, fixé sur un tabouret, comme un misérable sur la sellette. Mes angoisses me reprirent plus fortes, plus étouffantes et plus amères.

Je n'entendais plus rien, ni le soprano de M. L..., ni la basse-taille du crieur, ni le léger baryton du commissaire-priseur ; je ne percevais même pas le ravissant contralto de la jeune femme qui, quelques minutes auparavant, me charmait si bien par son entrain audacieux ; — j'étais anéanti.

Un de mes voisins, d'une distinction parfaite, suivait attentivement la vente, un petit crayon d'or d'une main, le catalogue de l'autre. Je pensai que, depuis le premier jour, un aussi sérieux Gentleman devait assister aux vacations et, par un effort désespéré, je parvins, avec des mimes de politesse, à lui faire entendre que je désirais la communication de son catalogue.

Il me crut muet, sans doute, mais avec la meilleure grâce du monde, il me tendit le précieux catalogue annoté, que dans ma brutale impatience je faillis lui arracher.

VIII

Ma fièvre de savoir était telle, que j'ouvris au hasard le catalogue de mon aimable voisin. Je tombai sur la seconde partie, mes yeux s'arrêtèrent à cet article : LA PUCELLE, ou *la France délivrée, poëme héroïque,* par M. CHAPELAIN ; à *Paris,* chez *Augustin Courbé, 1656,* in-folio, *maroquin rouge, fil. comp. aux armes de l'évêque d'Orléans.* Sur la marge au crayon, je crus lire 10 francs.

Ce fut un coup terrible que je reçus avec accablement.

Ma *Pucelle,* une merveille, un admirable exemplaire, une des joies de ma vie de fureteur ! une trouvaille inestimable, et si superbement reliée, qu'on pourrait songer à Le Gascon, ma *Pucelle,* vendue 10 francs...!!!

Toujours au hasard, j'ouvris et lus :

LE ROLAND FVRIEVX, de *messire Loys Arioste,* NOBLE FERRAROIS, *traduit d'Italien en François,* à *Lyon,* pour *Estienne Michel,* 1582, 1 vol. in-12 vélin. Et sur la marge... 5 fr.

Oh ! les monstres !! 5 francs un *Roland* en très-bel état, un *Roland* sortant de la Bibliothèque du fameux Yeméniz et portant son ex-libris :

une médaille antique, un lion sur le recto et le monogramme du Bibliophile Lyonnais sur le verso.

5 francs ! oh les barbares !

J'ouvris vingt fois, toujours au hasard, et toujours je trouvais des prix ridicules et disproportionnés à la valeur réelle des livres mis en vente, c'en était trop pour moi. Le dictionnaire de Trévoux me serait tombé sur la tête, que je n'eusse pas subi une commotion plus forte que celle que je ressentis à la vue de mes pauvres livres vilipendés. C'était le dernier coup... mes jambes se dérobaient sous moi, les bras me tombèrent le long du corps, je me sentis entièrement défaillir, et de la hauteur de mon tabouret je me laissai choir sur une pile de volumes qu'un portefaix sans âme emmagasinait.

IX

Quand je me réveillai, il me semblait encore entendre la voix perçante de M. L. et sentir le marteau de Me Maurice Delestre me taper sur le crâne.

Ce n'était bien qu'un rêve cependant. Le soleil brisait ses rayons sur ma courtine de soie et se jouait avec des reflets d'or sur les tentures, les petits oiseaux chantaient de délicieuses aubades sur mes persiennes, au travers desquelles j'apercevais des bandes de ciel bleu ; — tapie paresseusement à mes pieds, Isis, ma chatte blanche,

ronronnait en entr'ouvrant son œil vert, et, par
l'entre-bâillement de la porte de ma chambre, je
voyais dans la pièce voisine, brillants et bien
éclairés par la lumière du matin, mes trois corps
de Bibliothèque à colonnes torses, ou chatoyantes comme d'harmonieuses toilettes ; les
tons des reliures formaient l'ensemble le plus
réjouissant.

Je vous possédais donc toujours, ô mes livres
chéris ! vous étiez là, sous mes yeux, bien à moi ;
je pouvais vous contempler en égoïste et jouir
seul à seul de tous vos appas. Vous demeuriez
toujours mes heureux tributaires, mes amis,
mes consolateurs, et cette vente affreuse n'était
qu'un rêve, qu'un détestable mensonge de mon
imagination agitée !

Je sautai vivement à bas de mon lit, et, sans
prendre le temps de mettre mes pantoufles, je
courus à eux, je les regardai, je les compulsai,
caressant spécialement ma *Pauvre Pucelle*, et
Messire Loys Arioste, Gentilhomme Ferrarois,
ainsi que tous ceux que mon cerveau encore
syncopé se rappelait avoir vu vendre.

Après plus d'une heure de muette contemplation, pendant laquelle je revis mes vieux
Bouquins avec plus de joie qu'un amant qui
étreint son amante longtemps attendue, je revins
enfin me coucher.

Sur la table de nuit, à côté du bougeoir
Louis XV en cuivre ciselé, dont la bougie était

à moitié consumée, je vis la plaquette petit
in-12 en maroquin blanc avec coins... c'était
L'ENFER DU BIBLIOPHILE, cette boutade saisis-
sante d'Asselineau que j'avais relue en entier
avant que de m'assoupir.

X

Mais la petite voix de femme, me direz-vous ?
Bah! c'est juste, cher lecteur, j'allais oublier...
Oui, au fait,... la petite voix de femme... à qui
diable la supposer ?

Tenez, tout net, sans paraphrase ni paralo-
gisme, je suis assuré que si, après avoir trouvé
philosophiquement la véritable clef des songes,
nous cherchions à déchiffrer la carte de la Dame
mystérieuse, nous lirions imprimé, sur le bristol
rose remis au Commissaire-priseur, le nom
d'une de nos maîtresses à nous tous Bibliophiles, d'une maîtresse qui nous est fidèle et qu'il
nous sera toujours pénible de quitter...

LA GENT BOUQUINIÈRE

Esquisse parisienne

> Si l'on me demande quel est l'homme
> le plus heureux, je répondrai : c'est un
> bibliophile, en admettant que ce soit un
> homme ; d'où il résulte que le bonheur,
> *c'est un bouquin.*
>
> P. L. (bibliophile Jacob.)

Vous, qui possédez l'art de vous promener au milieu de tout ce brouhaha
de Paris, parmi cette multitude bi-
garrée, affairée et distraite qui se
meut, va, vient, marche, court et flâne dans
les rues, le nez en l'air, l'oreille au vent ; avez-
vous remarqué quelquefois l'attitude particulière,
inquiète et absorbée de certains hommes à l'œil
fureteur qui passent graves, coudoient les uns et
les autres sans crier gare, et qui semblent suivre,
comme dans un rêve, leurs pas trop hâtifs qui
les devancent ?

Ils marchent la prunelle en arrêt, anatomi-
sant les vitrines ; Paris pour eux est un vaste
livre rempli de documents intéressants. Ils se
plaisent à en relever les annotations et à en
compter les culs-de-lampe, et les quais forment

la marge qu'ils parcourent pieusement. Viennent-ils de Bercy ou d'Auteuil, de Montmartre ou du Panthéon, sans mot d'ordre, mus par la même passion, ayant au cœur le même désir, tous se dirigent, l'imagination irradiée, âpres à la curée, vers l'espace que bornent, sur la rive gauche de la Seine, le pont Saint-Michel et le pont Royal.

Ils forment sans se connaître une race à part, dont l'idiome singulier, les mœurs étranges, les aptitudes et les goûts fantastiques ont quelque-fois tenté la plume des humouristes. Leur vie, c'est un bouquin, et s'ils entrevoient un monde meilleur, un éden délicieux, ils ne peuvent se le figurer sans des parterres d'elzévirs, des massifs d'incunables, des montagnes d'in-folios et des parcs ombragés de feuilles manuscrites.

Le matin, ils déjeunent à la hâte d'un cata-logue et de leur dernière trouvaille, puis, sans consulter le ciel, heureux comme des jouven-ceaux en bonne fortune, ils partent le pied léger, le cœur battant d'une sainte émotion, inquiets de savoir si la maîtresse qu'ils conquerront sera blonde ou brune, s'ils dénicheront, *raræ aves*, un *Alde* ou un *Estienne*, un *Giolito* ou un *Torrentin*. — Arrivés au but de leurs jouis-sances, sur les doctes parapets, ils se préparent à la lutte, enlèvent leurs gants, fixent leurs cha-peaux, donnent du jeu à la manche, entr'ouvrent leurs poches mystérieuses et profondes, et com-mencent. — Qu'il vente, qu'il pleuve ou que

le soleil dissolve le bitume, comme ces Fakirs de
l'Inde qui se tiennent sur un pied, ils vont
piano, pianissimo, toujours debout, l'œil plongé
dans les cases, scrutant les livres jusque dans
l'âme. — Paris les enveloppe dans son grand
bourdonnement, les femmes en passant les frô-
lent avec un froufrou soyeux ; impassibles,
noyés dans un océan de voluptés, ces chiffon-
niers de la science revivent tout un passé. Ils
bouquinent, bouquinent, bouquinent :

C'est la gent bouquinière !

De midi à six heures en été, de deux à quatre
en hiver, ils sont là, à leur poste de joie, sur le
Qui-vive, le sourire aux lèvres, l'œil vif et perçant, la main en avant obéissant au regard. Ils
se chuchotent à eux-mêmes des phrases intra-
duisibles, ils paginent fiévreusement un volume,
le replacent, plongent de nouveau leurs mains
noires de poussière dans un casier qui est tout
un monde, et, respirant avec délices l'odeur du
vieux veau racorni, des feuillets mouillés et des
cartons pourris, ils reconstituent des yeux, entre
les nervures usées des bouquins qu'ils dévorent,
les titres dédorés, abrégés, effacés dont ces pauvres déshérités semblent ne plus vouloir se
parer.

L'étalagiste, lazzarone parisien, assis comme
un commissionnaire sur un siége ressemelé,
considère d'un air bienveillant tous ces pion-
niers de sa marchandise ; le Bouquiniste est

quelquefois issu du Bouquinier, et il se complaît
à voir la figure mobile de ses habitués ; il les
regarde lentement défiler, s'arrêter indécis et
s'arracher avec peine du capharnaüm de ses
boîtes ; il les compte, remarque les absents, ba-
varde avec ces *Messieurs*, et, si l'un de ses *Bibliophobes* avec un signe particulier l'appelle pour
payer le bouquin qu'il vient d'exhumer, l'étalagiste accourt, la main à son gousset, affable,
empressé ; il voit presque partir avec regret l'élu
du chercheur qui le lui marchande ; il félicite
l'acquéreur, remet en ordre ses caisses bouscu-
lées par la passion de la recherche, puis il
retourne à son siége, d'où il examine son pauvre
étalage qui s'étend au loin, semblable au berger
nonchalant qui surveille son troupeau.

Que de classes cependant, que de sectes, que
de divergences d'opinions dans cette race bou-
quinante ! chacun a son Dada, sa marotte, son
but ; chacun défriche son siècle de prédilection,
depuis l'Helléniste jusqu'au Romantique ; — pour
ce dernier : les *Renduel*, les *Barba*, les *Desessart*, les *Lecou* ; pour d'autres : les *Barbin*, les
Courbé, les *Guillaume de Luynes*, les *De Sercy* ;
pour les piocheurs : les outils de travail, quels
que soient la date de l'édition ou le nom du
libraire, et pour les ambitieux enfin, les *éditions
de Verard*, les *Molière* de chez Jean Ribou,
les *contes* de La Fontaine, *édition dite : Des Fer-
miers Généraux*, et les bibles interfoliées de

billets de banque, comme celle que légua jadis le marquis de Chalabre à Mlle Mars.

Mais, pour arriver à satisfaire ces *pia desiderata*, il leur faudra soulever des collines d'in-12 ou d'in-8, empiler *Capefigue* sur l'*Annuaire des longitudes*, rejeter des monceaux d'*Années chrétiennes* et de *Géographies de Malte-Brun*, retomber à chaque pas sur l'*Almanach des Muses* ou les *Spectacles de la nature de Pluche* et voir enfin surgir le *Manuel du parfait fumiste* à côté de l'*Archi-Monarquéide de Gagne*, ou de l'*Histoire philosophique des deux Indes*, de Raynald.

Quoi qu'il en soit, l'espoir guide ces vaillants chercheurs, rien n'ébranle leur robuste foi, ils passent à travers les séries les plus complètes de la *Revue des deux mondes*, sautent à pieds joints par-dessus les *Cours de littérature de Laharpe*, franchissent *Anquetil et son Histoire*, *Napoléon Landais et son Dictionnaire*, *Sainte-Foix et ses Essais sur Paris*, *Mably et Condillac* ; ils avancent malgré tous les obstacles, et s'ils rentrent les poches vides, l'abattement et le désespoir ne les accompagnent pas au logis.

Par contre, s'ils mettent la main, *les veinards* ! sur l'unique cheveu de l'occasion, s'ils peuvent déterrer le merle blanc de leurs rêves, ils exultent comme Archimède lâchant son *Eureka*, et l'immense bonheur qui emplit tout leur être les dédommage amplement des fatigues passées.

Comme il est choyé, dorloté, admiré, ce bijou

découvert ! de quelles larmes de reconnaissance
il est arrosé ! Harpagon, serrant précieusement
sa cassette contre son cœur, n'eut jamais d'expression de joie plus féroce que le bouquinier
qui emporte sa trouvaille.

« Va, pauvre bouquin, murmure-t-il en lui
même, tu vas oublier ton existence errante, les
injures du temps et ta misère passée, viens ; tu
auras la meilleure place à mon foyer, dans la
noble famille dont tu es digne, entre tes frères
chéris : le fastueux maroquin et l'odorant cuir
de Russie seront fiers de t'avoir pour voisin, car
tu seras débarbouillé, lavé, encollé, habillé ;
viens, tu es des miens et je te bénis pour toute
l'allégresse que tu me causes. »

.   .   .   .

O vous, qui passez sur les quais de Paris, admirez ces heureux qui bouquinent, bouquinent,
bouquinent :

C'est la gent bouquinière !

LES GALANTERIES

DU SIEUR SCARRON

A Madame la Baronne de X...

Saint-Louis en l'Isle,
Paris.

Paris, 1er janvier 1878.

LA délicieuse soirée que nous passâmes le premier jour de l'an dernier! cela nous vieillit bien un peu; mais vous en souvenez-vous, chère petite Baronne?

C'était sur le soir, vous étiez seule dans votre grand salon Louis XV, — seule devant un bon feu, — seule sur une causeuse.

Lorsque je parus, Dieu sait où voltigeaient vos rêves; votre petit écran japonais d'une main, un livre entr'ouvert de l'autre, vous étiez affaissée dans la morne contemplation de l'âtre, et c'est à peine si la voix de la soubrette qui m'annonça vous fit tourner la tête de mon côté.

C'est qu'ils étaient bien loin, bien loin vos

rêves, chère Baronne; ils dansaient capricieuse-
ment avec les flammes du foyer, et votre œil fixe
s'engourdissait à suivre leurs ébats mutins ; je
pensai tout de suite, vous le dirai-je, au curieux
volume, relié avec art en maroquin bleu, à vos
armes, que votre bras abattu laissait nonchalamment glisser.

N'était-ce pas lui, dites-moi, qui avait débau-
ché les charmants diables roses de votre mignonne
cervelle ?

Ah! Baronne, qu'il faisait froid! Paris finissait
cette longue journée de saturnales, Paris avait la
pompe insipide des jours fériés ; on n'entendait
que le rire perlé de la jeunesse ou le chant rauque
et monotone de l'ivrogne ; les pelures d'orange
attentaient à la vie du promeneur, et sur le seuil
de leurs portes, mines revêches, les concierges
disséquaient la générosité des locataires.

Rappelez-vous avec quelle triste figure de
conspirateur je vins me mettre à vos côtés ! —
Oh ! le vilain causeur que je fis dès les premiers
moments ; ce n'était qu'indolents bâillements,
que pénibles hum ! hum ! que mon gosier gro-
gnon proférait ; et quel oubli total des conve-
nances ! Campé au beau milieu du feu, les
jambes allongées, les pieds sur les tisons, je me
rôtissais comme un saint Laurent sans usage, —
tantôt me frictionnant les jarrets avec imperti-
nence, tantôt frappant du pied et lançant des
roulades grelottantes de *brrrr* à morfondre un

rocher. — Mon adorable amie, j'en ai honte encore aujourd'hui !

Lorsque Mariette apporta le thé, vos rêves me parurent rentrer effarés et timides dans leur joli nid, — votre silence fut moins complet, — mon attitude fut plus décente.

Le thé était exquis, chaud, parfumé, versé par la main des Grâces, c'était de l'ambroisie. — Vous étiez ce soir-là enivrante de beauté et de langueur, dans ce coquet peignoir Watteau bleu cendré, rehaussé de malines ; vous possédiez ce teint, pétri de lis et de roses, dont les anciens poëtes nous ont légué l'expression ; votre fine chevelure blonde brillait, avec des reflets de bronze pâle ; et puis, votre grand salon était si purement, si voluptueusement Louis XV, depuis ses lambris en camaïeu jusqu'à votre mule de satin, que, par ma foi, j'aurais été pendable, si, dépouillant mon humeur brutale, je ne me fusse mis à *Crébillonner* avec vous.

Combien je vous sus gré, du fond de mon cœur, de n'entrevoir chez vous ni sac de chez Boissier, ni coffret de chez Giroux, ni écrin de chez Fontana ; votre logis semblait vierge de toute importation d'étrennes, et je trouvais enfin un refuge, une tiède oasis, contre l'enfer du jour de l'an.

Nous étions là sur la causeuse, le guéridon placé tout près, un délicat service de Saxe à portée de la main.

« Un nuage de lait ? me disiez-vous.

« — Mille grâces ?

« — Pourquoi cette curiosité ? repreniez-vous, suivant le fil de la conversation, savez-vous bien que vous devenez très-indiscret ; mais, tenez, je vous le donne en cent, en mille, en dix mille, quel est l'auteur du petit volume qui m'entretenait lors de votre arrivée ? »

Vous me regardiez malicieusement, tandis que me vouant à tous les saints, je vous citais : *Musset, Lamartine, Hugo, Gautier,* ainsi que toute une pléiade de poëtes modernes ; et vous, dodelinant de la tête, avec de fines roueries dans l'œil, vous ne me disiez pas une fois, chère petite Baronne : « Vous brûlez, mon cher, vous brûlez. »

Alors, je remontais d'un siècle et j'amoncelais des kyrielles de noms d'auteurs : quelques-uns excitaient votre joli rire argentin ; d'autres, ne le niez pas, vous faisaient rougir et baisser pudiquement les yeux. Cela dura bien une heure, pendant laquelle nous fîmes à deux un cours de littérature à faire mourir de honte l'ennuyeux Laharpe. — C'était à damner un Bibliographe, vous deveniez aussi taquine, aussi spirituelle que Madame de Sévigné, que j'allais victorieusement vous jeter à la tête, quand, audacieusement, démasquant vos batteries, vous me lançâtes cette renversante apostrophe :

« Connaissez-vous Scarron, mon cher Biblio-phile ?

« — La belle question ! Scarron le bouffon,
« Scarron *le malade de la Reine*, Scarron le
« burlesque époux de la malheureuse d'Aubigné,
« Scarron *le raccourci de toutes les misères*
« *humaines*, Scarron enfin... et c'est avec Scarron,
« Madame, que vous conversiez ? Ah ! la vilaine
« compagnie que celle d'un cul-de-jatte, et
« comme je bénis le ciel qui a permis à votre
« serviteur de se mettre entre vous et ce petit
« fagoteur de rimes. »

Ici, Baronne, vous deveniez irascible, vous
défendiez votre poëte, et, gentil inquisiteur, vous
repreniez les instruments de torture ; — les de-
mandes insidieuses sortaient pressées de vos
lèvres coralines :

« Quel est le volume de Scarron que je lisais ?

« — *Le Roman comique*, parbleu !

« — Fi donc !

« — *Le Typhon ?*

« — Point.

« — *Le Virgile travesti ?*

« — Nenni.

« — *Jodelet duelliste !*

« — En aucune façon.

« — *Les Épistres chagrines ?*

« — Pouvez-vous le penser ?

« — *Les Nouvelles ?*

« — Eh ! mon cher, ne courez pas si loin, ce
« sont tout bonnement les *Poésies* du Sieur
« Scarron, ce petit fagoteur de rimes, comme

« vous l'appelez si méchamment, et, dussiez-vous
« me traiter de bas-bleu, je tiens à honneur de
« vous avertir que j'ai un furieux tendre pour les
« vers de cc cul-de-jatte rabelaisien. »

« — Ce furieux tendre est un goût perverti, et
« permettez-moi d'avancer, à ce sujet, mon
« humble avis, contrôlé et appuyé par... »

Mais le livre déjà était ouvert ; — placée dans
l'attitude du Mascarille des *Précieuses ridicules*,
et avec des grâces toutes féminines, vous tendiez
le volume en avant d'une main, tandis que de
l'autre, un doigt levé, vous m'imposiez silence.
« Oyez, je vous prie, me dites-vous. »

Je vous mangeais des yeux tant vous étiez
divine, ainsi posée et maîtrisant mon émotion,
j'écoutai.

A MADEMOISELLE DE LENCLOS

Estrennes

O belle et charmante Ninon,

A laquelle jamais on ne répondra : Non,

Pour quoi que ce soit qu'elle ordonne,

Tant est grande l'authorité

Que s'acquiert en tous lieux une jeune personne,

Quand avec de l'esprit elle a de la beauté.

Ce premier jour de l'an nouveau,

Je n'ay rien d'assez bon, je n'ai rien d'assez beau

De quoi vous bastir une Estrenne ;

Contentez-vous de mes souhaits,

Je consens de bon cœur d'avoir grosse migraine

Si ce n'est de bon cœur que je vous les ay faits.

Je souhaite donc à Ninon

Un mary peu hargneux, mais qui soit bel et bon,

Force gibier tout le carême,

Bon vin d'Espagne, gros marron,

Force argent, sans lequel tout homme est triste et blesme,

Et qu'un chacun l'estime autant que fait Scarron.

Tudieu ! avec quelle émotion vraie vous réci-
tâtes ces vers burlesques, quelle voix chaude et
vibrante, quelles intonations senties, et que
votre regard était vif, pendant la lecture de ces
Etrennes ! j'oubliai presque Scarron, et je né-
gligeai de le maltraiter — véritable magicienne,
vous veniez, par cette seule évocation de Ninon,
de me reporter de deux siècles en arrière, parmi
cette société polie, où les petits poëtes, même,
savaient donner de si galantes étrennes.

Je revis Ninon, sa cour brillante et ses *passants* de qualité : le Comte de Coligny, le Chevalier de Grammont, les Marquis de La Châtre
et de Sévigné, le Prince de Condé, l'Abbé de
Chaulieu, Villarceaux, Gourville, Saint-Évre-
mont et tant d'autres.

Je n'étais plus chez vous, Baronne, je me
trouvais en plein Marais, dans la ruelle de cette
impure adorable, de cette femme, trois fois

femme, par le cœur, l'esprit, l'inconstance et la frivolité. — J'étais environné de beaux esprits, parmi lesquels, votre cher Scarron, alors ingambe, alors *petit collet*, courant de groupe en groupe avec cette bonne humeur, cette gaieté bouffonne, et cet atticisme pimenté de sel gaulois.

Vous paraissiez de même songer à tout cet autre âge, vos rêves avaient repris leurs ébats mutins, et votre œil noir reflétait purement le temps jadis.

— Alors, je vous pris la main, petite Baronne, et pendant un temps incalculable, tous deux nous comprenant, tous deux vivant une autre vie, toute une époque évoquée, nous restâmes rêveurs, sans mot dire, murmurant faiblement en cadence :

O belle et charmante Ninon...

Lorsque nous sortîmes de notre torpeur, quel assaut de souvenirs, c'était à qui réciterait le plus d'*Estrennes* jusqu'à ce que, la mémoire vidée et fourbue, votre Bibliothèque fût mise au pillage.

Vous étiez un vrai démon : et nous bouleversâmes tous les *Parnasses d'antan*, nous piquant d'amour-propre, admirant, critiquant, discutant, nous alambiquant l'esprit avec des agaceries à réveiller l'ombre de tous nos chers poëtes.

Quelle surprise, dites-moi, lorsque nous entendîmes sonner trois heures du matin ! nos regards étonnés se croisèrent, les miens disaient: « Il fait bien froid, il est bien tard, soyez miséricordieuse ! La nuit est sombre, il me faut vous quitter, petite Baronne, ayez pitié ! » Votre œil était indulgent, et je ne sais trop ce qu'il m'eût répondu, si Mariette, lassée d'attendre, ne s'était mise à ronfler dans la pièce voisine.

L'effroyable voyage que je fis, ô ma douce amie, pour regagner mon triste logis de célibataire. — Jamais amoureux transi ne s'en revint plus chagrin dans ce grand Paris, qui la nuit ne semble dormir que d'un œil. — Malgré moi, j'enviais Scarron superbement vêtu de maroquin, Scarron qui revit en livre et que vous aimez, Scarron, que vous teniez dans votre main mignonne et qui veillait peut-être à vos côtés, sur les courtines de soie, après avoir bercé votre premier sommeil, tandis que j'allais errant sur ces quais ténébreux, meurtri par la bise, tracassé par mille petits fantômes qui labouraient mon cœur et mon esprit.

Il y a un an, jour pour jour ; mon cœur a fait des économies, souvenez-vous-en !

Si la légende de la Belle au Bois-Dormant pouvait être vraisemblable, ce soir premier janvier, vêtu d'un manteau couleur de muraille, je me présenterais chez vous — je vous trouverais seule dans votre grand salon Louis XV — seule

devant un bon feu — seule sur une causeuse —
mais... Mariette aurait congé — pour changer
les rôles, petite Baronne, j'aurais en main un
curieux volume porteur de mon *ex libris*. Ce
serait à votre tour d'en deviner l'auteur et peut-
être demanderiez-vous grâce ;

> O belle et charmante Ninon,
> A laquelle jamais on ne répondra non !....

LE QUÉMANDEUR DE LIVRES

GAUCHEMAR A LA MANIÈRE DE GOYA

Periit fides et ablata est de ore
eorum.

JÉRÉMIE VII.

Ah ! le vilain personnage, la triste silhouette, le gnome fantastique que nous avons à esquisser ! Fléau de l'homme de lettres, parasite du libraire et de l'artiste, démon acharné du Bibliophile, solliciteur bas et rampant, Tartuffe mielleux et fripon, véritable plaie d'Egypte, le Quémandeur de livres se glisse partout, force les portes les mieux fermées, semble posséder le terrible don d'ubiquité, et, comme un fantôme des vieilles légendes, il apparaît, obsède et terrifie.

Epinglons-le solidement sur un morceau de liége, et, tâchons d'analyser ce monstre ainsi cloué au pilori.

D'où vient-il ? nul ne le sait — le plus souvent c'est un pauvre déclassé, qui, après avoir meurtri

ses illusions aux angles les plus rudes de la réalité,
s'est réveillé un beau matin dans sa hideuse
incarnation de littérateur mendiant. — Ecrivain
déçu ou poète infortuné, sa jeunesse, épave de la
médiocrité, a été cahotée un peu partout dans
les bas-fonds de la Bohême ; le Succès a souri
jaune à ses avances, la Gloire a fait la prude avec
lui ; il n'a cueilli que de terribles orties sur le
chemin littéraire. Alors, ne se sentant plus la
force de lutter, les mains ensanglantées, les
ongles usés, le cœur plein de fiel, ayant encore
dans l'âme des vestiges du Beau, il a juré de se
venger, et, ne pouvant devenir maître, il s'est fait
valet.

Comme il a bien médité sa vengeance ! avec
quels sens pervers et quels raffinements de
cruauté il en a mûri le plan ! — La société s'est
montrée mauvaise mère à son égard, il la har-
cellera sans cesse et lui fera rendre gorge ; les
hommes de talent ont pris sa place au soleil, il
quémandera leurs œuvres ; les libraires ont
refusé ses volumes, il leur pillera ceux des autres ;
les Bibliophiles ont su amasser des merveilles, il
saura leur en extorquer ; enfin, c'était un
agneau, ce sera un chat aux griffes gantées. —
Il n'a pas pu se faire valider artiste, il sera l'ami
des artistes : chacun deviendra son Mécène.

Pour son but, il a bien étudié les hommes, le
perfide ! Il déguise ses amertumes sous les dehors
les plus papelards ; sachant que rien ne résiste à

la louange, la louange est devenue son arme, et avec quelle habileté il s'en sert ! Ecrit-il pour quémander ? Il sait jouer du : *Cher Maître*, de l'*Excellent Confrère*, de l'*Illustre Collègue*, du *Savant Bibliophile* avec un tact surprenant ; il se dit attaché à quelques revues de Province bien ignorées, se proclame en tout et sur tout fanatique du Beau et entonne l'éloge du destinataire de sa missive.

Son style est une merveille — : à son usage particulier le détestable flatteur s'est composé une palette étincelante d'adjectifs sucrés, émollients, onctueux, bien confits en parfums — les tons les plus fins, les plus vifs, les plus colorés y sont gradués avec une science, une entente des *fadeurs* qu'on ne saurait trop admirer. — Après avoir posé un substantif ayant rapport à son objectif, il semble promener sa plume sur sa palette, à la recherche d'une épithète bien sentie, et puise dans sa gamme de mots chatouilleux et calins, un *divin*, un *admirable*, un *sublime*, un *docte*, un *savantissime* dont l'effet tendre et persuasif est immanquable.

Les lettres sont des chefs-d'œuvre d'émotion et de sympathie ; c'est étayé, échafaudé, arc-bouté avec un sentiment si bien maquillé qu'on ne peut y résister. Le Don Juan de Molière ne prit jamais tant d'intérêt à la famille de monsieur Dimanche que le Quémandeur de livres n'en accuse pour le succès de sa victime.

L'auteur ou l'éditeur ne savent plus dire :
non...

Et le Renard encore a trompé le Corbeau.

Quelle tactique dans ses visites! Il a calculé le
modus vivendi de celui qu'il veut exploiter; il
connait sa vie heure par heure, minute par minute et mieux que le concierge de la maison. Lui
refuse-t-on la porte? il revient trois fois, cinq
fois, dix fois s'il le faut ; ses sollicitations sont
inflexibles comme le Destin. C'est au saut du lit,
ou plutôt à l'heure où la digestion rend facile et
indulgent qu'il sait prendre son monde, voyez-le :
il sonne discrètement, donne son nom, énonce
ses minces qualités et s'avance la main tendue
et prompte à de cordiales pressions, le visage est
affectueusement éclairé d'une douce sollicitude,
l'œil est admiratif, la bouche souriante module
le : « *cher maître* » de commande, les reins
attendent un siége, le cauchemar vient élire
domicile chez le patient, la requête va commencer.

Ah! l'horrible Protée! comme il sait enlacer,
passer du grave au doux, du plaisant au sévère :
Sua res agitur! quel déluge d'enthousiasme il
verse sur son hôte, son talent, ses livres, son bon
goût! fut-il dans une mansarde, il en louerait
l'ameublement; il est de force à s'extasier sur une

chaise de paille; il a des louanges de toutes les
tailles; c'est un jongleur émérite.

Au moindre mot qui frise l'esprit, il se pâme
comme à la fois Armande, Bélise et Philaminte à
à l'audition des vers de Trissotin, — c'est lui-
même un Trissotin, un écœurant Trissotin... un
Trissotin doublé de Bazile, Quelle verve il dé-
ploie! il cite les éditions les plus rares, parle
avec tendresse des chefs-d'œuvre de l'art typo-
graphique, verse des larmes de crocodile sur les
malheurs de nos Bibliothèques publiques; en un
mot, il cause de tout et sur tout, ose même parler de ses bonnes fortunes sur les quais... ses
bonnes fortunes... à lui, le rustre! et revient
enfin par d'habiles périphrases au livre qu'il im-
plore!

Il ne tient pas en place. Il lui faut coûte que
coûte lénifier le cœur qu'il bat en brèche par des
éloges dissolvants.

« Ah! pardon, que vois-je, là, sur le rayon
de votre bibliothèque, Dieu ! le ravissant petit
bijou ! »

Et le voilà levé — il parcourt, furète, passe
avec amour ses pattes sur ces livres qu'il con-
voite et qu'il déroberait s'il le pouvait.

« O le rarissime volume! l'admirable reliure!
quel superbe portrait! ce sont de ces raretés, s'ex-
clame-t-il avec passion, qui ont dû vous coûter,
cher monsieur, bien des recherches et bien des
fatigues. Il vous a fallu un goût et des connais-

sances étonnantes pour colliger de telles merveilles ? »

Il ne tarit pas en douceurs, il jette son dernier
atout, mais aussi le propriétaire se rengorge,
dodeline de la tête et fait une agréable moue. Sa
générosité va s'épanouir. Le rocher, déjà ébranlé,
cède enfin ?

. . . .

Quand il sort, muni de sa proie, il semble si
fier, si rayonnant, si joyeux, qu'on serait tenté
de lui pardonner. C'est un des amoureux du
livre, mais un amoureux brutal et presque cri-
minel, il viole ce qu'il aime, sans attendre que
ce qu'il aime se donne à lui ; il est vil et bas quand
il devrait être fier et porter le front haut comme
tout vrai bibliophile, en un mot, il mendie quand
il devrait attendre ; et trop souvent, hélas ! la
misère le guette au passage pour le dépouiller
un à un de tous ses volumes, qu'il *bazarde* à vil
prix.

Quelle pénible existence que celle de ce misérable ! — Valet de tous, il quémande chez les libraires
comme les pauvres à la porte des grands restau-
rants, il fait patte de velours alors que souvent
il voudrait griffer, il s'humilie devant les jeunes
bien qu'il commence quelquefois à neiger sur son
front, et, véritable Juif-errant, en quête de toutes
les nouveautés, la fatigue lui est inconnue ; il se

produit partout, marche sans cesse, et semble immortel, car les hommes de génie l'ont rencontré, vivant spectre, à toutes les étapes de leur gloire. Bibliophiles, nos frères, ne criez pas à l'invraisemblance, l'original existe, tiré, par malheur, à de trop nombreuses éditions ; regardez autour de vous, dans la marge de la vie, vous le verrez remplissant son sacerdoce avec plus de rage que de passion. Regardez ce Monsieur affairé qui vole on ne sait où ; ses poches béantes sont bourrées comme un cabas de femme de ménage et renferment tout un monde : Livres, eaux-fortes, gravures, photographies — ce n'est pas un Bibliomane, c'est l'*Homme rouge* des bibliophiles, c'est le Quémandeur de livres qui passe.

Un détail pour terminer cette esquisse crayonnée à la hâte : le Quémandeur de livres parvient-il à se faire éditer un volume, il sait les bassesses que ceux des autres lui ont coûté... *Il n'en donne à personne.*

LE VIEUX BOUQUIN

ESSAI MONOCHROME

Nunc victi, tristes.
Virgile.

GLOIRE à toi, bouquin! — Gloire à toi, vieillard robuste si vaillamment cuirassé! — Gloire à toi, grandiose aventurier, philosophe Stoïcien, sublime mendiant, Diogène de la boîte à quatre sols, dont les faux Bibliophiles rougissent! — Bouquin, pauvre bouquin, Christ de la bouquinerie, tant de fois vendu par autant de Judas Iscariote, tant de fois vilipendé, tant de fois crucifié, — Gloire à toi!

Que je t'aime et te vénère sous ton austère et monacale tunique de vieux veau fauve! que je t'aime, avec ce visage parcheminé, ces rides jaunâtres et écailleuses et les longs méandres des larves qui t'ont rongé!

Passées au vermillon comme les lèvres d'une courtisane antique, tes *tranches* harmonieusement se marient aux dorures tenues de tes bords flétris; l'orageux coloris de tes *gardes*, si magistralement disposé en étranges volutes s'est atténué dans les tons fins d'une gouache et ton *signet* de soie verte, brisé, meurtri, par tant de mains amies, a conservé ce je ne sais quoi de tendre qui nous émeut, telles ces robes de nos aïeules, précieuses reliques, que nous aimons à contempler pieusement dans la vieille armoire qui les renferment.

Ton *titre*, noble passe-port littéraire, est parti pièce à pièce dans l'amertume du vagabondage, tes *coins* écorchés par les plus farouches brutalités baillent la tristesse et donnent la pitié, tandis que, mises à nu par le temps, disséquées par les intempéries, tes *nervures* effiloquent au vent leur blonde chevelure de chanvre.

Depuis le jour de ton sacre, où, étincelant, coquet, luxueux, tout énorgueilli toi-même de l'orgueil de ton auteur, tu descendis majestueusement, dans ton justaucorps de veau pâle, du perron de la *Sainte Chapelle* ou de la *Galerie des Merciers*, depuis le jour, où, de la Cour à la Ruelle, de la *Gazette* à l'Académie, Paris, pendant de longues heures chanta tes louanges, quelle épopée !

Quelle épopée, sinistre ou burlesque, depuis ces jours où tu courais si allègrement de la main blasée d'un Censeur Royal aux doigts rosés d'une Duchesse, de l'épiderme voluptueux et flatteur d'un Prélat aux aridités noueuses d'une pression de Savant !

Les années ont enterré les années, les amants

de là première heure ont disparu ; les rois s'en
sont allés, les trônes ont croulé, toi, tu es resté
debout, le dos voûté, grelottant à la bise ; — les
dédains de la foule, ont poudré ton chef à frimas,
et c'est à peine si le regard hâtif de quelqu'érudit
t'a caressé par hasard dans la passion fiévreuse
de ses recherches.

D'après les naïvetés graphiques laissées sur ton
faux titre, d'après tes *ex-libris* héraldiques ou
caractéristiques, gravés ou manuscrits, d'après
tes marges nourries de curieuses annotations,
qui ne songerait longuement à reconstituer ta
vie errante ?

Dans l'interligne de ton *impression*, quels
mémoires à écrire ! que de piquantes révélations
sur ta naissance et tes fredaines typographiques,
corrigées par une main toute paternelle !

Bouquin, pauvre bouquin ! Victime du droit
d'aînesse des livres ! — Tes grands frères in-4°,
fiers de leur majorat de première édition sont
recherchés, estimés, soignés. Toi, malheureux
enfant d'un second lit d'impression, tu végètes
depuis des siècles, méprisé, déshérité, conspué
dans la patiente attente d'un Saint Vincent de
Paul Bibliophile.

Ouvre-toi, cependant, ami du travailleur, cher
consolé qui console ; dans une tiède atmosphère
d'étude, secoue la poussière de la route ; ouvre-
toi, pauvret, exhale ta belle âme, chucote bien
bas au savant qui t'a acquis, les dictames que tu

contiens; dans ces longs tête à tête, germe lui lentement ta science, et fais lui éprouver une lente et douce ivresse dans la mystique fornication de vos cerveaux.

Gloire à toi, bouquin, — Gloire à toi, vieillard robuste si vaillamment cuirassé! Gloire à toi, grandiose aventurier, Philosophe Stoïcien, sublime mendiant, Diogène de la boîte à quatre sols dont les faux Bibliophiles rougissent.

LE LIBRAIRE DU PALAIS

ÉVOCATION DU XVIIe SIÈCLE

D'après un dialogue du CARPENTERIANA.

> On est instruit de cent choses qu'il
> faut savoir de nécessité et qui sont de
> l'essence du bel esprit.
>
> MOLIÈRE.

L'Amateur entre chez le Libraire, et salue.

LE LIBRAIRE

ONSIEUR, je suis vostre humble serviteur, que désirez-vous du nostre ? Un homme de vostre qualité ne peust ignorer les livres nouveaux, ces sublimes maistres muets, et, puisque vous avez coustume d'honorer ma boutique, que pourrois-je vous proposer ?

L'AMATEUR

Je voudrois connoistre quelques ouvrages du bon ton, les lectures à la mode, des livres de nos meilleurs autheurs, les romans du beau monde les plus furieusement en vogue, et enfin, toutes choses ayant du ragoust, du piquant et de l'enjoué.

LE LIBRAIRE

Me permettroi-je de vous soumettre le *Grand Cyrus* dont on fait grand bruit à la ville et à la cour, la *Clélie*, de Mlle de Scudéry, ou encore le *Loüis d'or*, d'Ysarn ; les Alcovistes en raffollent et nos *illustres* se les arrachent ; préférez-vous le *Pharamond*, la *Cléopatre* ou bien le *Mitridate* ; tous ces *agréables Menteurs*, comme on dit en terme de Rueiles, font les plus chers passe-tems de nos galans et des gens qui se piquent de bel esprit.

L'AMATEUR

Ces romans sont charmans, en effet, pour qui connoist bien la force des mots et le friand du goust; mais ils sont trop longs à lire et tiennent une terrible place dans nos bibliothèques, je verrai cependant le *Cyrus* et vous le ferai mander.

LE LIBRAIRE

Je m'empresserai de tenir ces dix volumes à vostre service, mais dites-moy, je vous prie, vostre pensée sur l'*Amadis* que voicy, relié en maroquin du Levant. Il me vient de la bibliothèque de M. de Bassompierre, c'est un superbe exemplaire que j'eüs les plus grandes peines à me procurer.

L'AMATEUR

La reliure est certes pleine de mérite, et le livre vaut son prix ; mais je possède déjà un

Amadis, bien qu'en estat inférieur, et je ne doute pas que vous ne trouviez à céder celuy-ci à quelque personnage de marque qui vous le paiera honnestement.

LE LIBRAIRE

Je fais espoir de le vendre prochaisnement et suis marry de ne pas le veoir devenir vostre. Aimez-vous, je vous prie, les traductions de M. Perrot d'Ablancourt ? voicy son *Lucien,* son *Thucidide,* son *Cæsar* et son *Tacite.*

L'AMATEUR

Laissons là ces traductions, s'il vous plaist, j'ai ouy dire qu'elles sont fort meschantes et maltraitent effroyablement les autheurs qu'elles pensent traduire.

LE LIBRAIRE

Il faut avouer que vous donnez dans le vray de la chose ; — vous présenteroi-je alors le *Clovis,* de Desmarest, le *Saint-Louys,* du Père Le Moyne, *Alaric ou Rome vaincue,* de Scudéry, la fameuse *Pucelle,* de...

L'AMATEUR

Oh ! oh ! je vous en rends grâce, mais ne m'assassinez pas avec tous ces pompeux Poëmes, ce ne sont que mots à longues queues, ils peuvent pour certaines gens avoir de la valeur, mais je confesse les trouver mortellement ennuyeux ; je doute qu'on puisse en lire un chant sans esprouver l'inexorable empire du sommeil, et, tenez, vous m'en voyez bâiller à la seule pensée.

LE LIBRAIRE

Il faut convenir que c'est fort bien dit, ces vers sont par endroits tout à fait espais, les neufs sœurs y sont costumées de façon épique et j'aurois dû songer que ce n'étoit pas là vostre fait.

L'AMATEUR

Quels sont vos livres d'histoire ?

LE LIBRAIRE

J'ai en ce moment un *Froissart* et un *Monstrelet* des belles impressions, et si vous ne les possédez pas je puis vous fournir le *Mezeray*, les *Mémoires de Castelnau*, *Montrésor* et *Hardoin de Perefixe*.

L'AMATEUR

Monstrelet, *Froissart*, *Castelnau* et *Mezeray* sont dans ma Bibliothèque ; je vous prendrois volontiers l'*Histoire du roy Henry le Grand* au cas où vous auriez la petite édition imprimée en Hollande ; c'est assurément la plus jolie et la mieux conditionnée. Monstrez-moi également les nouveaux recueils des nourrissons des Muses, le Parnasse en est fécond aujourd'hui, et la Fille des Dieux règne particulièrement sur notre époque. C'est dans ces sortes de recueils, que l'on se peust penestrer des mots du bel usage ; et, dans ces volumes qui laissent peu de vuide à la

curiosité, l'on passe agréablement d'un aimable
sonnet à Philis à une Ode magistrale, de Stances
à Chloris à une Glose spirituelle et d'une ingé-
nieuse Paraphrase à un Madrigal tout confit en
douces choses.

LE LIBRAIRE

Certes, grande est vostre raison et vous dites
sagement. Le lecteur peut ne point faire long
séjour sur de tels livres, et, il lui est loisible de
les laisser et de les reprendre sans jamais essuyer
aucune lassitude, je comprends vostre tendre
pour ces œuvres diverses, et, tenez, voulez-vous
les six volumes du *Recueil des plus belles pièces
du tems?* vous y verrez de M. Corneille, de Boileau, de Benserade, de Boisrobert, de Sarasin, de
Bertaud, de Montreuil, de Lamesnardière et de
plusieurs autres.

L'AMATEUR.

Vous m'en vendites un exemplaire dernièrement ; n'en avez-vous point d'autre manière ?

LE LIBRAIRE.

J'ay quelques recueils en un volume, mais,
outre qu'ils contiennent les mesmes pièces, ils
ne sont pas aussi complets et moins bien entendus : que diriez-vous des *Dernières paroles de
Scarron*, des *Poésies diverses de Colletet*, des
Énigmes et de la Ménagerie de Cotin, des *Entre-
tiens de Sarasin et de Voiture aux Champs-
Elysées?* j'ay de jolies éditions de *l'Apologie de*

Girac contre Costar, des *Éloges poétiques de Brébeuf,* des *Amitiés, Amours et Amourettes de M. le Pays,* et enfin... je puis vous bailler les *Deux pièces de M. de Lignières,* contre la *Pucelle.*

L'AMATEUR.

Ah! ah! ceci me sied assez, ces pièces de M. de Lignières surtout : comment les eustes-vous?

LE LIBRAIRE.

Elles furent imprimées en Hollande sur le ma-nuscrit mesme que M. Chapelain pensa faire saisir ; ces choses sont d'une excessive rareté.

L'AMATEUR.

Je vous les prendrai ; veuillez les joindre au reste ; mais, ah ça, fait-on encore beaucoup de satires contre la *Pucelle?*

LE LIBRAIRE.

Ah! monsieur, je crois bien, c'est à croire que toutes les Muses ne sont occupées qu'à cela: Le Parnasse s'est tellement esmeu de ce Poëme qu'on se croyroit au beau tems des *Jobelins* et des *Uranistes.*

L'AMATEUR.

Vous me mettrez de costé les plus curieuses de ces épigrammes. La *Pucelle* est un bien lourd poëme qui justifie toutes les pointes, et je songe sérieusement à vous troquer l'exemplaire que je vous pris il y a quelques mois.

LE LIBRAIRE

Je feray selon vos souhaits... ne m'avez-vous pas manifesté le désir d'acquérir un *Ronsard* et un *du Bartas* ?

L'AMATEUR.

Point. — Je ne veux que des choses du tems et ne viens pas chez vous déterrer nos vieux poëtes du siècle passé.

LE LIBRAIRE.

Si tout le monde pensoit comme vous, nous ne vendrions guère de vieux livres ; aussi bien, sçavez-vous, que, selon l'expression de nos prétieuses, la boutique d'un libraire est le « *Semetierre des vivants et des morts ;* » nous devons posséder aussi bien les génies d'antan que ceux d'aujourd'hui.

L'AMATEUR.

Il est vray, nos vieux poëtes peuvent avoir certain talent, mais qu'est-ce, dites-moi, en comparaison de nos Grands du Parnasse ?

LE LIBRAIRE.

Ah ! quelle différence ! Comme nos poëtes comprennent mieux le bel air des choses, le langage contourné et le raffinement des mots ; on ne sauroit establir de parallele, aussi veux-je vous montrer...

L'AMATEUR.

Non pour le moment, Monsieur le Libraire,

le tems de deux postes s'est déjà passé depuis
que je suis icy et je vous ferai quérir quelques-
uns des volumes que vous m'avez cités. A bien-
tost donc, je vous manderay de mes nouvelles.

LE LIBRAIRE.

Permettez-moi, monsieur, de vous assurer de
mes services et de vous témoigner le degré d'estime que je professe pour votre sçavoir.

L'Amateur salue et se retire.

LE LIBRAIRE, seul.

Que les gens de qualité ont donc de peine pour
faire figure dans le monde, et que leurs connois-
sances sont estroites !

Ce Marquis estoit né doux, commode, agréable,
On vantoit en tous lieux son ignorance aimable,
Mais depuis quelques mois, devenu grand Docteur,
Il a pris un faux air, une sotte hauteur.

. . . .

L'ignorance vaut mieux qu'un savoir affecté ;
Rien n'est beau, je le dis, que par la vérité.

UN EX LIBRIS MAL PLACÉ

HISTOIRE D'HIER

> Oyr ver y callar, rezias cosas son
> de obrar.

OMMENT, mon cher, me dit un jour certain Bibliomanc mauvaise langue, comment pouvez-vous ignorer ce que les confrères du célèbre Bibliophile Z. se murmurent bien bas, bien bas à l'oreille, en le voyant passer.

Eh! que peut-on dire, bon Dieu! — le Bibliophile Z. est, à ce qu'il paraît, le plus parfait honnête homme qui se puisse voir ?

Certes, je n'oserais un instant supposer le contraire !

Que dit-on alors ?

On raconte avec malice qu'il a placé son *ex libris* sur le livre d'autrui.

Sur le livre d'autrui ! — C'est, en vérité, la première fois que j'entends ce vilain propos.

L'histoire est adorable.

Dans ce cas, je vous en prie, contez-la moi.

Volontiers, — cependant je dois vous prévenir,
— elle est du ressort de la *Chronique scanda-
leuse*.

Peu importe, je serai discret.

Vous m'en donnez l'assurance ?

En toute loyauté.

C'est un document de haute curiosité que je
vous livre. — Je commence donc :

Vous connaissez, n'est-il pas vrai, le bon-
homme en question ? Grand, sec, nerveux, la
face glabre et émaciée, les cheveux blonds-châ-
tains comme du maroquin Lavallière, les yeux
petits et vifs, dardant, derrière leurs lunettes, une
prunelle de ce vert particulier aux bouteilles
d'eau minérale ; sans doute, vous l'avez vu passer
maintes fois sur les quais, aux environs de l'Institut, serré dans une longue redingote noire, pro-
prement guêtré, le chef recouvert d'un gibus mat
à larges bords ; presque toujours affaissé sous le
faix d'une prodigieuse quantité de brochures qui
lui arrondissent le bras affreusement. Le Bibliophile Z. est un de nos plus savants Hellénistes,
très estimé de tout ce qui se nourrit du siècle de
Périclès. C'est un spartiate littéraire, un fanatique de livres qui se ferait plutôt tuer que de man-
quer une seule fois la tournée bibliopolesque qu'il
entreprend quotidiennement. En homme sage,
il a fait camper ses *desiderata* dans le domaine
attique, rien ne saurait le distraire de ce but ;
son rêve le plus vif serait de recueillir les épaves

de la fameuse *Bibliothèque de Coislin*, en un mot, il donnerait la *Bible de Mayence 1462*, pour un *Sophocle d'édition Aldine, Venise, 1502* ou *l'Euripide en lettres majescules.*

La description est fort exacte, mais je ne vois pas...?

Impatient! Daignez au moins écouter.

Le Bibliophile Z. passe tout son temps soit à la recherche de ses *merles blancs*, soit à la *Nationale*, soit dans des Académies savantes, soit encore au diner des *Helleno-Bibliognostes* dont il est président. — Levé de très grand matin, il déjeune de Théocrite qu'il adore, puis, grand disciple de l'Ecole de Salerne et de Louis Cornaro, il soupe sobrement et le soir, à neuf heures, il se couvre le front, il soupire et s'endort.

Tout cela ne me dit pas?

De grâce, une minute! nous arrivons au fait.

Il y a trois ans, las de traduire et commenter Aristénète, Epicure et Athénée dans l'égoïsme du célibat, notre érudit, songea sérieusement au mariage et se résolut à prendre femme. Ses relations étendues, ses succès de savant, l'intégrité d'un nom ancien dans la robe lui firent trouver une frêle et exquise jeune fille, une adorable parisienne, fine, gaie, spirituelle jusqu'au bout des talons qui consentit à troquer sa fraîcheur contre un parchemin, à livrer sa jeunesse à cette longue racine grecque : — Mlle *** devint, pour tout dire, la rose de ce buisson.

Dans les premiers temps de cet hymen, Z. fut pour sa femme rempli de mille prévenances, de petits soins, d'effusion, je dirais presque d'amour, si je ne craignais de profaner ce mot ; on eut dit qu'il subissait en quelque sorte l'influence d'une palingénésie intérieure. Il se montra tour à tour léger, galant, mondain, presque anacréontique ; on le vit parcourir l'Italie avec sa toute gracieuse compagne, puis, de retour à Paris, fréquenter les soirées, la Comédie, l'Opéra, — que vous dirai-je ? Z. ne fut réellement pas trop Grec dans ce charmant jeu du mariage ; — sans oublier Minerve, mollement, il taquina Vénus ; Mentor céda quelquefois la place à Télémaque, mais, hélas ! au bout de quelques mois Télémaque disparut, les muscles de notre Bibliophile, habitués au calme salernitain s'énervèrent peu à peu ; il redevint Mentor pour toujours. — L'Alpha, l'Oméga, l'Iota souscrit, hellénisèrent de nouveau son cerveau. — Mme Z. fut veuve. — Du vivant de son mari, l'étude enterra son époux.

La pauvre petite femme se désola tout d'abord, comme bien vous le pensez ; abandonnée une partie du jour à elle-même, voyant, aux heures du dîner, son mari, plongé dans quelque vieux volume, lui adresser à peine certains menus propos ; isolée dans sa chambre des soirées entières, la vie, à ses yeux, prit vite une teinte grise et horriblement monotone. Il lui fallait sortir à tout prix de ce milieu momifié ; elle en sortit, se lança dans

les fêtes mondaines et fut considérée par tous
comme la plus heureuse et la plus élégante de
nos parisiennes. Elle eut une cour de jeunes
hommes brillants, corrects et fats qui papillon-
nèrent autour de sa lumineuse beauté, mais dans
ce tourbillon artificiel, parmi les rires et les galan-
teries fades, madame Z. sentit mieux que jamais
le vide de son existence ; la solitude avait fait plus
vaste son besoin d'aimer, les distractions exté-
rieures ne purent calmer les vagues palpitations
de son cœur, et un beau jour enfin, sa vertu dut
capituler devant les attaques passionnées d'un bel
Antinoüs au col puissant. — Il me faudrait tout
un chapitre dans la manière ciselée des Dumas fils,
des Flaubert ou des Zola pour vous décrire les
phases sublimes de cet amour adultérin enveloppé de l'indifférence, ou plutôt, de la cécité
homérique de notre Helléniste; mais je ne dois
pas oublier que je vous raconte une historiette
et que je ne fais pas un roman ; j'arriverai donc
de suite au point pathétique. — Madame Z. s'a-
perçut hélas ! à ses dépens, que le bel Antinoüs,
différent en cela de son mari, savait reproduire
autre chose que des anciens textes; elle sentit ce
que les Précieuses si ingénieuses dans leurs mé-
taphores, nommaient : *Le contre-temps de l'a-
mour permis.*

Lorsque cet incident ou accident se manifesta,
le Bibliophile Z., le monstre ! se trouvait n'avoir
pas lu depuis plus d'un an, en compagnie de sa

femme, les fameux préceptes du casuiste San-
chez : *De Matrimonio*. Vous jugez si la situation
se montrait sombre et critique. Z. pouvait se
révolter et traduire négativement le : *Quem nup-
tiæ demonstrant*. — Or, voici ce qu'il advint :

Un soir, après le tête à tête d'un fin dîner,
dans lequel la truffe brune avait évaporé son
arôme exquis, le Bibliophile Z, qui s'était retiré
dans son cabinet de travail afin de se délasser
dans la lecture des *Philosophumena* d'Origène fut
mandé subitement chez sa femme.

Profondément attristé d'abandonner Origène
pour son épouse, il se rendit d'assez mauvaise
grâce à cette invitation et fut reçu dans cette
même chambre à coucher dont l'ingrat n'avait
pas franchi le seuil depuis si longtemps.

Madame Z l'attendait, assise sur une chauf-
feuse près de l'âtre, les yeux brillants et allumés
d'un feu étrange, les pommettes rosées, plus
ravissante que jamais, — de longs soupirs tendres et étouffés soulevaient les rondeurs de sa
gorge, dont on voyait l'éclatante beauté sous le
décolleté d'une délicieuse tunique de cachemire
blanc garnie de point d'Angleterre coquillé. Ses
petites mules de satin à barettes mauves, chu-
chotaient impatiemment sur le tissu soyeux d'un
coussin et un œil indiscret eût découvert les
fines attaches d'une jambe merveilleuse, empri-
sonnée dans le lilas pâle d'un bas brodé au
coin. — Les rideaux de la chambre étaient

tirés, — peut-être aussi les verroux. — Il y avait
dans l'air comme un parfum enivrant de discrétion et de libertinage, et des petits amours, dans
le coloris de Boucher, faiblement éclairés, se luti-
naient, semblant jaillir des dessus de porte dans
un effarement de malice et de curiosité voluptueuse.

Le Bibliophile Z. ne vit rien de tout cela ; pro-
jetant en avant l'angle rude de ses jambes et sans
même retirer une toque de velours noire enri-
chie de grecques, il s'affaissa méthodiquement
sur un siége à côté de sa femme qui lui fournit
habilement un prétexte plausible à la démarche
inusitée qu'elle venait de faire auprès de lui.

La mignonne créature fut ravissante de co-
quetterie raffinée, d'esprit mordant, de verve
délicate, elle donna cours à toute la mutinerie de
ses heureux jours passés, elle se fit enfant, gamine
même, trouvant des trésors de sensiblerie dans
l'évocation d'une douce lune de miel trop tôt
métamorphosée en vilaine lune rousse. Elle pré-
cisait ses souvenirs avec des pudeurs de jeune
fille, riant tout à coup, puis baissant lentement
ses longs cils comme pour ombrager sa rougeur
naissante. — Elle s'était rapprochée, — les plis
moëlleux de sa robe, dessinant des contours
qu'eut enviés Clodion, frôlaient le sévère panta-
lon noir du savant ; à genoux sur le coussin,
dans une pose alanguie et féline, montrant
les fossettes rieuses de ses beaux bras nus ;

elle caressait, elle embrassait les mains roides et froides, aux ongles secs et carrés, de son époux. — Ses lèvres rouges et humides se crispaient dans l'attente des baisers, l'amour enfin semblait déborder avec rage de la vitalité de ses sens.

Saint Antoine n'eut pas résisté ; le Bibliophile Z résista — rigide comme un palimpseste, pas un de ses muscles ne bougea. Il songeait à Lucien, à Eubule, à Xénarque, à Aristophane. Il relisait en mémoire les ruses féminines de l'antiquité et son œil vert s'était froidement arrêté sur l'excès de certaine courbe dont il était assuré d'être et d'avoir été l'asymptote.

Il se leva enfin, avec le calme majestueux d'un président qui lève une séance, et, prenant congé de sa femme, aussi brutalement galant que s'il se fût agi d'une facture à payer : Dormez en paix, Madame, dit-il, dormez en paix..... *Je le reconnaitrai.*

Voilà pourquoi, me dit mon bibliomane en terminant son récit, les confrères du célèbre Bibliophile Z. se racontent bien bas, bien bas en le voyant passer qu'il a placé son *Ex-libris* sur le livre d'autrui.

Entre-nous — Fit-il pas mieux que de se plaindre ?

LES QUAIS EN AOUT

Ballade des Bouquineurs.

LE thermomètre marque 35 degrés à l'ombre. Paris est éclaboussé de soleil, le bitume se change en mastic. Adossés aux parapets des quais, les bouquinistes sont somnolents. Les passants font hâte vers leurs affaires, et, chapeau d'une main, de l'autre s'épongent le front. — Ombrelles déployées, les petites femmes, en toilettes admirablement transparentes, passent en voitures découvertes ; d'énormes cohortes d'Anglais annoncent la canicule, un employé municipal inonde la chaussée de torrents d'eau qui sèche aussitôt. — C'est l'été dans toute sa cruauté.

Rien ne résiste à la température ; ce ne sont que soupirs et plaintes, on fait queue aux fontaines Wallace comme jadis à une première de l'Ambigu, les Parisiens halètent comme des forgerons à l'enclume, les cerveaux cuisent au bain-marie dans leurs boîtes osseuses.

... Le long des quais, calmes, allègres, héroïques, quelques bouquineurs ambulent, munis d'un espoir réfrigérant.

Ce sont les vieux amis du livre, les énamourés

de la boîte à quatre sols, etdans leur regard qui
brille aucune désillusion ne se lit.

. . . .

La chaleur fait peler le vieux veau et dévore la
couleur des titres. Les feuilles se tordent sous les
baisers du soleil, un lézard pétitionnerait pour
obtenir un case de bouquiniste, et sur le plat
brûlant d'un in-folio on ferait aisément cuire un
œuf.

Eux, les bouquineurs, ils semblent de marbre,
ils iraient volontiers en enfer pour bouquiner,
et, comme leur nombre est plus restreint sous ce
ciel de plomb, le désir les réconforte. Ils défilent
lentement, majestueux et fermes sous l'alpaga de
la jaquette ou le sédan de la redingote.

Un vent plus chaud que le siroco embrase
l'air et saupoudre d'une fine poussière la prose de
tout un passé. Le dôme de l'Institut reluit
comme un casque classique, les arbres roux et
grisâtres semblent asphyxiés, et sous l'azur du
ciel à peine strié de nuages, chacun transpire sa
vie avec des appétences de frais et de repos.

... Le long des quais, calmes, allègres, héroïques, quelques bouquineurs ambulent, munis
d'un espoir réfrigérant.

Ce sont les vieux amis du livre, les énamourés
de la boîte à quatre sols, et dans leur regard
qui brille aucune désillusion ne se lit.

LES CATALOGUEURS

Cataloguer des livres à l'infini, sans les avoir Jus, qui croirait que cet emploi a rendu les hommes fort vains et leur a donné un air d'importance ? Un Catalogueur de livres ne le cède pas à tel érudit.

SÉBASTIEN MERCIER.

'A-t-on pas maintes fois anathématisé le profond La Bruyère au sujet du mot *Tannerie*, dont il s'est servi, dans son chapitre : *De la Mode*, pour désigner la Bibliothèque d'un Bibliomane inconnu.

Tannerie! quelle irrévérence ! s'est-on écrié — *Tannerie!* fi, le vilain mot ! faut-il qu'un homme d'esprit et de jugement ait osé employer un tel langage pour spécifier la collection sans doute remarquable d'un amateur d'Antan ! — *Tannerie!* mais, c'est horrible, monstrueux, pendable ! — *Tannerie!* — ah ! *Tannerie!!*

Eh ! eh ! *Tannerie* n'est point déjà si mal trouvé ; *Tannerie* est bien concluant et rend à merveille la pensée de l'auteur. — De qui s'agit-il en effet dans le passage incriminé et de quelle sorte de Bibliothèque le moraliste veut-il parler ? Ce n'est assurément pas de la Bibliothèque d'un

5

Michel de Marolles, d'un Longepierre, d'un de Ballesdens, d'un Furetière, d'un Patru, d'un Jean Bigot, d'un de Harlay ou d'un Lamonnoye. — Il s'agit, cela tombe sous le sens, de la *Bibliotière* d'un Bibliomane dans toute l'acception du mot ; d'un Bibliomane par vanité, par ostentation, par gloriole ; d'un Bibliomane *ramassier*, comme on disait jadis, d'un Bibliomane qui aligne des livres sans les lire, dans le but unique de s'illusionner lui-même et d'illusionner les autres sur le vide de son esprit.

La Bruyère n'a pas songé un seul instant, c'est évident, à peindre la passion vivante d'un Bibliophile éclairé, mais bien cette Bibliomanie dont Le Pautre nous a légué l'expression dans La *Folie du Bibliomane*, une rarissime gravure ornée de ce quatrain :

> *C'est bien le plus grand fou qui soit dans la nature*
> *Que celuy qui se plaist aux livres bien dorez,*
> *Bien couverts, bien reliez, bien nets, bien époudrez,*
> *Et ne les voit jamais que par la couverture.*

Aujourd'hui, malheureusement, Bibliophile et Bibliomane sont presque synonymes ; le profane vulgaire semble être devenu myope. Il confond Lamoignon et Longuerue, Pompadour et Marie-Antoinette, Montauron et Fouquet, de Bure et de Lavallière, Solar et Cigongne ; or, il y a des nuances à l'infini dans ces noms de Bibliophiles jetés au hasard. Qu'on veuille bien étudier ces Bibliophiles par leurs catalogues et l'on nous comprendra.

Mais, nous dit le lecteur, précisez la différence entre Bibliomane et Bibliophile?

Avec l'autorité d'un maître incontesté, Charles Nodier, nous le ferons très volontiers :

« Le Bibliophile sait choisir les livres, dit Nodier, le Bibliomane les entasse. — Le Bibliophile joint le livre au livre après l'avoir soumis à toutes les investigations de ses sens et de son intelligence, le Bibliomane entasse les livres les uns sur les autres sans les regarder. Le Bibliophile apprécie le livre ; le Bibliomane le pèse ou le mesure. — Le Bibliophile procède avec une loupe et le Bibliomane avec une toise..., du sublime au ridicule il n'y a qu'un pas. »

Entre le Bibliomane et le Bibliophile, il s'est produit un amateur d'un nouveau genre, et pour vous le présenter, si vous le voulez bien, procédons nous-même autrement :

Don Juan était-il amoureux de la femme pour la femme ? Non, certes non, et qu'on n'aille pas crier au Paradoxe. Don Juan n'était qu'un habile catalogueur de femmes. — Séduire une femme, pour Don Juan, était-ce l'espoir de satisfaire une passion fiévreuse et véritable ? était-ce le brûlant désir de posséder la frêle créature vers laquelle son cœur semblait s'être envolé ? était-ce la recherche de l'idéal ? Mon Dieu, non, mille fois non.

Don Juan était mu par un esprit machiavé-
lique et froid, par un cœur marmoréen, plus
froid que la statue du Commandeur ; pour lui,
séduire une femme, c'était ajouter un nom à sa
liste, c'était le sot orgueil, la fatuité rassasiée,
l'égoïsme chatouillé, la vanité qui sourit ; — le
type de Don Juan ne possède même pas l'excuse
d'une âme artiste et inquiète comme ces bouil-
lants Catalogueurs de femmes qui ont noms,
au xviiie siècle, Restif de La Bretonne, Casanova
de Seingalt et Choudard-Desforges.

M. M. X. Y. ou Z., que votre libraire vous
cite avec enthousiasme, l'un pour acquérir tous
les jolis volumes qui paraissent, quels qu'ils
soient, l'autre pour payer un mauvais Romantique soixante-dix louis ; celui-ci pour acheter
au poids de l'or tel livre à scandale saisi d'hier,
celui-là pour ramasser tous les exemplaires d'une
édition à la veille d'être épuisée ; M. M. X.
Y. ou Z. sont-ils des Bibliophiles, c'est-à-dire
des raffinés, des délicats du livre, des amoureux
de la substance plutôt que de l'apparence ? Nous
ne craignons pas d'affirmer que non ; — véritables *Don Juans de la Bibliophilie*, ce sont des
Catalogueurs de Livres.

Le *Catalogueur* collectionne des volumes
comme d'autres réunissent des fragments curieux de silex, de néphrite, de serpentine ou
d'obsidienne ; il a des livres comme on a des
tentures, des meubles rares, des bronzes, des

bibelots de toutes sortes. Avant même que de les ouvrir, il fait relier superbement ses brochures, il n'a pas de Bibliothèque, il n'a qu'une *Tannerie*. La Bruyère de nos jours serait, hélas ! plus sévère qu'autrefois ; — que son ombre nous guide, car, nous, son infime petit-fils, nous allons essayer notre verve sur quelques Catalogueurs *pourtraicturés* sur de bons patrons ; — sois indulgent, ô bénévole lecteur de nos *Caprices !* si notre pinceau est parfois impuissant.

I

Richard vit retiré des affaires, dans le *high-life* parisien. Sa fortune est considérable, il a maison de ville et maison des champs. Ses valets sont du meilleur style, ses écuries citées comme modèles et ses chiens bien dressés. Ses maîtresses, par sérieux, tiennent à honneur de se dire siennes, lui, par gaillardise, tient à honneur d'afficher ses maîtresses. *Richard* possède une loge à l'Opéra et fréquente assidûment son club ; il est arrivé à cet âge où l'ambition gravit un étage et du cœur monte à la tête, où, par contraste, les illusions dégringolent à l'entresol, et du cerveau vont au cœur. — *Richard* est bien de sa personne : a la tenue correcte d'un gentleman, il joint la rondeur ample d'un boursier bon enfant ; en le voyant passer, de suite on songe à Monsieur Capital.

Par distraction, et encore plus par ce besoin inné d'occupations actives qui fouettent l'ennui, *Richard* s'est fait antiquaire : il raffole, dit-il, des *choses du temps* et raconte avec emphase qu'il a su réunir chez lui des beautés incomparables. On le voit à l'Hôtel des ventes, non loin de la tribune du commissaire-priseur; le portefeuille bien nourri, et prêt à subir l'assaut des enchères; sa voix grave d'homme d'affaires fait monter avec assurance les tableaux estimés des maîtres contemporains et un sourire d'orgueilleuse satisfaction éclaire son visage, lorsque, de groupes en groupes, son nom circule dans le public comme l'heureux possesseur d'une œuvre d'art. On dit de lui qu'il a *le flair*, et qu'il n'acquiert qu'à bon escient. — Il n'achète pas, il place son argent.

Richard cependant n'est pas pleinement satisfait; des désirs vagues le poussent à la Bibliomanie; il se repose des tableaux et se donne aux livres, ce sera sa seconde manière et il y restera fidèle.

Le voici chez un libraire à la mode, assis nonchalamment, la tête haute et gonflé d'importance. Il se fait initier, sans en avoir l'air, au dédale si compliqué de la Bibliographie et aux merveilles de la reliure; il contemple de luxueuses éditions des *Baisers de Dorat*, du *Temple de Gnide* et des *Chansons de La Borde* et se permet de critiquer les épreuves des gravures; il ne tolère, dit-il, que les : *Avant la lettre*, et il ajoute, que si Du Seuil, Capé, Lortic, Anguerrand, Padeloup ou Derôme n'ont pas orné ces ouvrages de maroquin du Levant, de tabis, de dentelles et de petits fers, ils ne sont pas dignes de reposer sur les tablettes d'ivoire de sa Bibliothèque. *Richard* dit tout cela mollement, en se dandinant et se renversant sur le dossier de sa chaise, ponctuant chaque parole d'une bouffée de son havane. Il maudit sourdement le libraire, conseiller dont il ne peut se passer, et le nomme cependant : « *mon bon* » avec une certaine familiarité qui n'est point dépourvue de rudesse.

Richard se jette à bourse pleine dans sa nouvelle *passion*, il y met autant de fougue, autant d'activité que s'il se lançait dans une opération commerciale d'un nouveau genre, il redevient très affairé et ne prend pas le loisir de contempler ni de digérer ses achats; d'immenses *desiderata* le provoquent sans cesse, il achète, il achète toujours, il achète encore, mais il ignore la douce joie de conquérir. La gloire des Mac-Carthy, des Didot, des Yeméniz, des Giraud, des Pixericourt, des Soleinne l'empêche de dormir. Il travaille avec opiniâtreté, non pas à combler les lacunes de son savoir, est-ce qu'il en a le temps ! Il travaille à son grandiose monument, à sa célébrité, à son catalogue, *à sa vente* enfin.

Richard aura formé une Bibliothèque comme on forme un régiment. Il aura surveillé l'extérieur de ses soldats sans en connaître l'esprit. Il les enverra se faire décimer à la grande bataille de l'encan : *Ite ad vendentes.* — De tout cela, que lui restera-t-il ? des connaissances superficielles, un nom cité dans les Brunet de l'avenir, un peu de gloire et beaucoup de vanité... autant en emporte le vent.

.... *Richard* est le *Catalogueur in-folio*, le *Catalogueur à grandes marges* ; passons au *Catalogueur* d'un rang moins élevé, avant que d'arriver au petit *Catalogueur,* le plus modeste, mais non pas le moins fou,

II

Ni gras, ni maigre, grand, élancé, droit et empesé, les favoris au vent, le lorgnon d'écaille à califourchon sur un nez d'aigle, *Placide* est rempli de cette qualité banale et vague qu'on nomme distinction et qu'un homme d'esprit a désignée ainsi : la décoration des gens médiocres. — Sorti du collége, « fort en thême » il a pris ses inscriptions à la Faculté de droit, s'est rangé au quartier latin dans le groupe le plus à la mode des étudiants poseurs et a enfin honnêtement passé sa licence.

Placide a trente-cinq ou quarante ans ; avocat à la Cour d'appel, avocat sans causes et pour cause, il se meut dans une petite aisance qui lui permet tout le confortable d'une vie douce et sans cahots. Dès son début dans le monde, il s'est appliqué au grave maintien de la haute magistrature, au bon ton de la noblesse, à la rigidité austère de la Robe, au dandysme sobre et sans éclat d'un Georges Brummeil. Ses paroles sont lentes et reposées, il ne dit juste que ce qu'il faut, il sait écouter avec tout le sérieux d'un audiencier, sans que le coin de ses lèvres rasées trahisse la mobilité de ses sensations intérieures. Il rit rarement et n'a jamais dû pleurer ; son œil bleu est le fidèle miroir de son âme de granit et ses mains gantées n'auraient pas le moindre frémissement en palpant le premier des livres imprimés : le *Psautier* in-folio de Mayence, donné en 1457 par Jean Fust et Pierre Schœffer.

Placide est cependant un Bibliophile, un Bibliophile bien coté sur la place, mais il semble s'être approprié cette pensée de Machiavel : « le monde appartient aux esprits froids. » Il a des livres, parce que *cela fait bien* dans son cabinet de bois noir aux tentures de nuance sombre, à côté des cartons verts veufs de dossiers. Il a des livres, parce qu'il a froidement calculé, que, si le cabriolet est plus utile au médecin que le savoir, l'étalage d'une nombreuse Bibliothèque, aux reliures jansénistes, frappe plus sûrement dans la demeure d'un avocat que toute la rhétorique de ses meilleurs arguments. Il a des livres, donc il est instruit, telle sera la logique de la veuve et de l'orphelin. — *Post hoc ergo propter hoc.*

Quels sont les ouvrages que collectionne *Pla-*

cide? Sont-ce les Codes, les Formulaires, les Inst
titutes de Justinien, les Sources du Droit Ro-
main, les œuvres de Procédure civile, les manuels
du Juge taxateur, le *Juris civilis Euchiridium* et
alia? assurément il ne saurait se passer des œuvres de jurisprudence qui doivent former le premier fonds de sa Bibliothèque, mais hélas! il ne
possède même pas l'*Esprit des lois!* Dans son
désir de paraître doctissime, il a réuni tous les
volumes dont les titres seuls imposent le respect;
voici sur les rayons vernis de ses armoires vitrées
tous les latinistes édités par Burmann, Grævius
et Gronovius, plus loin, les collections dites :
Variorum et *Ad usum Delphini;* il a même mis
côte à côte les ennuyeux poëtes latins des derniers siecles; Rapin, Commire-Vanière, Santeuil,
Ménage, le Père Oudin et autres; puis, arrivent
par bandes serrées et bibliographiquement mal
disposées, les œuvres de Philosophie, de Méta-
physique, de Mathématiques, d'Histoire, de
Théologie et de Morale divine. — La *Chimie de
Boërhave* heurte les *Méditations de Descartes* et
le *Traité de l'entendement humain de Locke;* les
Essais de morale de Nicole et les *Réflexions de
Bellegarde sur la Politesse du style,* coudoient
L'Art Héraldique et l'*Hydrostatique ou la science
du mouvement des eaux;* un volume : *De l'am-
bassadeur et de ses fonctions* par Wiquefort se
trouve appuyé aux *Dix Livres de Vitruve* par Per-
rault et quelques *Notions d'Ostéologie* et *d'Ana-*

tomie comparée fraternisent avec la : *Méthode
pour étudier l'Histoire de* Lenglet-Dufresnoy.

Placide a tout empilé dans son cabinet, il a
le Traité du vrai mérite de Claville, mais il ne l'a
pas lu. Le dos et les titres de ses livres seuls lui
servent à l'ornementation de son intérieur, et, s'il
eut osé, il aurait fait exécuter une bibliothèque
en relief, dont les titres fixés sur du bois arrondi
recouvert de cuir, lui en eussent dit tout autant.
Ses volumes sont en parfait état, sans être néanmoins reliés à grands frais, ils sont propres et
décents et n'ont certes pas le négligé et l'air brisé
d'un livre trop souvent ouvert. — Dirons-nous à
voix basse, que si *Placide* ne regarde jamais les
livres qu'il achète, il lit en entier et d'un bout à
l'autre ceux qu'il loue furtivement au cabinet de
lecture le plus proche ? — Dirons-nous qu'il dévore de temps à autre un roman en vogue, gras,
usé par des mains humides d'émotion ; pourquoi
pas ? Lorsqu'il commet ce méfait, il se cache ; il se
voilerait la face s'il venait à être découvert, lui si
grave, si austère, si distingué, lui, ce diplomate
en disponibilité, il pourrait être appelé : *Bibliophile de cabinet de lecture !* Dieu ! il succombe-
rait sous la honte, car alors on pourrait justement lui décocher cette épigramme composée
jadis pour un de ses sosies :

> *Ce qu'apprend ou lit Théodore
> N'a nul rapport à son devoir,
> Mais en récompense, il n'ignore
> Rien, que ce qu'il devrait sçavoir.*

Quand, sur le tard, *Placide* sera arrivé à la position qu'il ambitionne, lorsque le sel et le poivre pimenteront sa chevelure, lorsqu'il sourira aux fins soupers et aux passions séniles qui demandent des excitants, lorsque les ballets et les maillots roses dérideront son froid *facies*, alors le *vir bonus* cessera d'être un Tartufe Bibliophile, un *Catalogueur par avenir*, un *Bibliolathe* et un *Bibliotaphe ;* il se débarrassera sans émotion, sans amer regret, de tout ce fatras de volumes qu'il aura amassés pour la galerie. Ses livres lui auront servi de piédestal et il leur devra une reconnaissance bien acquise. Peut-être sera-t-il ingrat, peut-être aussi reformera-t-il une Bibliothèque, mais ce sera une Bibliothèque de petit maître, une Bibliothèque clandestine. Il achètera Crébillon le fils, Restif de la Bretonne, Voisenon et d'autres auteurs plus grivois ; il lira alors *l'Ecumoire, le Sopha, Grigri, le Pied de Fanchette, le Sultan Misapouf,* et il commencera à comprendre Rabelais et Boccace. — Par décorum, cet homme de glace aura installé la morale apparente chez lui dans sa jeunesse, quand les frimas blanchiront sa tête ils commenceront à fondre sur son cœur, il deviendra Bibliomane libertin, la morale qu'il aura faussement affichée se vengera, en lui offrant sa tunique à froisser.

III

L'oncle de *Damis*, honnête homme, éclairé,

profondément instruit, Bibliophile de la vieille roche, avait converti toute sa fortune en livres, c'était sa seule joie, son unique passion, aussi, voulut-il mourir dans sa Bibliothèque, au milieu de ses vieux et sincères amis qui l'avaient tant de fois égayé, consolé, charmé. Il y avait dans cette bibliothèque des merveilles sublimes : on y voyait les *Chroniques de Jean Froissart*, imprimées à Paris, chez Antoine Vérard en quatre tomes in-folio, la *Bible de Coverdale (Zurich 1535)*; le *Rituel de l'Eglise Anglicane (*White-church 1560*)* le *Martial* de Sweynheym et Pennartz de de 1473, le *Tite-Live de Spire*, les *Œuvres d'Amadis Jamyn*, puis les romans de chevalerie *Lancelot du Lac*, *Gérion le Courtois*, *Méliadus*, le *Turpin*, le *Merlin*, le *Fier à Bras*, les *Amadis*, *Regnaut de Montauban*, le *Saint Gréal* et le *Chevalier de la Triste Figure*.

Damis se trouva un beau matin héritier de ces trois ou quatre mille volumes. — En voyant arriver cette armée d'élite composée de superbes in-folio, in-quarto et in-12, *Damis* jeta les hauts cris : quel piteux héritage ! Il se prit à maudire la mémoire de son oncle et il eut beau regarder les splendides reliures, aux armes de Henri II, de Henri III, de Diane de Poitiers, du Président de Thou, il semblait inconsolable. Comme il eut préféré quelques bonnes actions au porteur dont il se fut empressé d'aller toucher la rente !

Que fit *Damis* ? Il vendit la bibliothèque de

son oncle aux enchères publiques ; le produit de la vente atteignit près de *trois cent mille francs*. — Il fut comme affolé de joie, plongé dans un délire intense ; la veille, il eut donné pour rien tous ces *Bouquins* qui l'encombraient, comme il disait dédaigneusement. Le lendemain, il se révéla effréné Bibliophile. — Les livres avaient fait *Damis* riche ; — *Damis* voulut connaître et apprécier de tels amis, qui, outre la fortune, pouvaient lui donner l'estime et la considération. — Avec sa grosse bonhomie de rentier, il s'efforça de devenir Bibliognoste, et, dans ce but, il se tint au courant de la *Bourse de la Librairie moderne ;* se fit envoyer tous les catalogues et assista de temps à autre aux soirées de la salle Silvestre.

Une fois dans cette voie, *Damis* s'y élança avec bonheur et orgueil ; il apprit à avoir *du nez*, comme on dit dans l'argot de la brocante. Il sut deviner les Livres dont l'épuisement, c'est-à-dire la hausse, était proche. Il acheta les plus luxueux nouveaux venus, les éditions elzéviriennes des éditeurs à la mode; il parapha de son nom tous les bulletins de souscription, mais il se garda soigneusement de se livrer aux vieux volumes dans la crainte très fondée de s'y perdre corps et biens.

Aujourd'hui *Damis* est un de nos Bibliophiles les plus connus parmi les *amateurs sérieux ;* certains libraires lui envoient d'autorité et à

compte-ferme les nouvelles publications. Loin
de s'en plaindre, il en tire au contraire vanité et
se rengorge avec d'étranges gloussements de
satisfaction ; Il tient cependant à choisir lui-
même ses vélins, ses japons, ses chines et ses
Whatman. Il les collationne avec soin, regarde
dans la transparence du jour la vergeure du papier, la marque de Van-Gelder, de Rives et d'Ar-
chettes et ne se déclare satisfait qu'après les plus
grandes investigations de son œil.

Sa Bibliothèque est simple : de larges casiers
de bois blanc passé au brou de noix, sont modestement appliqués sur les parois d'une vaste
pièce rectangulaire exposée au levant. — *Damis*
y vient dès l'aube, non pour se délecter dans la
lecture de ses livres, — il faudrait les couper et
cela leur ôterait du prix, — mais pour travailler
ses exemplaires dans le silence du cabinet ; dans
l'un, il ajoute un portrait, dans l'autre il insère
un autographe de l'auteur, dans celui-ci, il place
de doubles épreuves des gravures, à la sanguine
ou en bistre ; dans celui-là enfin, ce sont des
cartons, des notes, mille choses qu'il case. — Il
lit aussi les catalogues qu'il vient de recevoir, et
y apporte une attention soutenue : ... ah ! ah ! se
dit-il tout-à-coup avec des éclats de joie, mais,
je l'ai.... superbe.... magnifique, admirable
affaire ! Un livre que j'ai payé Dix francs et que
je trouve catalogué : Cinquante. — Il se frotte
les mains et se met en devoir de découper en

chantant le numéro qu'il vient de remarquer, afin de le coller légèrement sur la garde du volume dont il est question. — Oh! oh! exclama-t-il une minute après, ceci n'est point cher; — le malheureux libraire ne s'y entend point, trois francs! un ouvrage de vingt-cinq... J'irai le quérir cet après dîner.

Damis passe ainsi sa vie dans la paix la plus douce, dans un *otium sine dignitate*, c'est un *Catalogueur Bibliopole* : on ne peut pas dire tel oncle tel neveu. Il considère le volume comme une *action* soumise aux variations de la Hausse et de la Baisse. Il n'aime le livre que parce qu'il en tripote. — Lui parlez-vous d'un volume relié? — Bah! vous répond-il, faire relier un livre c'est jeter son argent au vent, sa valeur n'en augmente pas d'un sol ; Si Thouvenin, Duru, Thibaron y ont mis la main..., je ne dis pas, mais cependant, croyez-moi, conclut-il, l'idéal, c'est un livre non touché, non coupé, dans l'état primordial de sa brochure.

CONCLUSION.

Les Catalogueurs sont utiles à la richesse Nationale ; nous ne voulons pas les accabler, nous les plaindrons néanmoins de donner si peu de nourriture à leur cervelle. Ils ne comprendront jamais la belle réponse du duc de Vivonne à Louis XIV, lui demandant à quoi il lui servait de lire : « Sire, la lecture fait à mon esprit ce que vos perdreaux font à mes joues. »

SIMPLE COUP-D'ŒIL

SUR

LE ROMAN MODERNE

> Tenent Tympanum et Cytharam,
> et gaudent ad sonum organi.
>
> JOB, XXI.

I

Vous achetiez un Roman, il y a quelques vingt ans, Monsieur, et, tout heureux de votre emplette, signée d'un nom aimé, vous vous preniez à lire, — les pieds sur les chenets, — les vigoureuses aventures d'un d'Artagnan superbe, d'un héros cambré, souple et fort comme l'acier de sa lame, qui vous menait bon train, à travers mille casse-cous, au chapitre final, où triomphait sa cause.

C'était par une belle matinée de mai, de septembre ou d'octobre; le ciel était pur ou nuageux, l'air tiède ou vif, les feuilles d'un vert tendre ou d'un chaud orangé, — peu importe; en deux temps, vous aviez lié connaissance avec votre homme, détaillé vivement sa mise, conçu votre sympa-

6

thie, et, avec toute la simplicité de votre belle
âme de lecteur, — vous vous intéressiez à ce frin-
gant jeune premier que vous veniez d'entrevoir
et que vous ne deviez plus quitter jusqu'à la fin
de ses peines.

Que de galantes intrigues ! Quelles joyeuses
équipées ! Vous en souvenez-vous ?

Arquebusades et coups de rapière ! Embusca-
des et rendez-vous discrets ! Tout votre sang
français bouillait ; vous entriez dans la peau de
l'Amadis ; bataillant, intrigant, faisant l'amour,
vous couriez avec lui de tous côtés, et terriblement essoufflé, c'est à peine si vous preniez un
léger repos, à la dernière ligne d'un émouvant
chapitre. — Et vous, chère Madame, que de
charmantes soirées vous passiez sous la lampe,
ou chastement pelotonnée dans le douillet repos
du lit ! Vous parcouriez fiévreusement le gros
Roman du jour, laissant sommeiller Monsieur
votre mari ; et votre petit cœur battait bien fort,
lorsque le héros, au coin d'un carrefour sombre,
luttait vaillamment contre une bande de vilains
coupe-jarrets.

II

Ces émotions, ces courses échevelées en plein
air, ces voyages de l'un à l'autre pôle, le Roman
de cape et d'épée, — qui résume tout cela, — le
Roman d'aventures a définitivement vécu, le
poignard, la guitare et l'échelle de corde ont été

abandonnés aux magasins d'accessoires ; Amédée Achard a été le dernier apôtre de l'émotion en pourpoint et des manteaux couleur de muraille ; Ponson du Terrail, Gaboriau, Eyma et *tutti quanti* ne font plus les délices que des commis-voyageurs, des portières ou des rares grisettes, aussi rares que les Carlins ; les lecteurs de Dumas père ont diminué et Paul Féval lui-même, ce grand-prêtre de la dague et du poison a du se convertir subitement sur le *chemin de Damas* de la littérature.

Le Roman intime, bourgeois ou plébéien, fait aujourd'hui nos délices. — Notre époque veut du réel ; l'optique est émoussée, nous prenons une loupe ; notre toucher est affaibli, notre main saisit un scalpel ; nous *anatomisons*. Le Roman est devenu une école pratique, nous y étalons les belles horreurs, les cas pathologiques les plus bizarres ; nous indiquons les chloroses et les pustules sociales. Nous ne sommes plus en gondole à Venise, nous nous promenons, en radeau, dans les égouts des villes.

III

Eh ! mon Dieu, nous n'avons pas tort ; nous en sommes arrivés là graduellement, sans y prendre garde ; notre époque littéraire, si féconde, avait blasé nos sens ; notre goût est devenu un petit Néron difficile à satisfaire. Il nous fal-

lait du nouveau, des choses fortes, odorantes;
nos meilleurs auteurs essayent de nous servir.

Les Romanciers sont devenus des analystes du
plus grand talent; ils ont mis le tablier blanc, se
sont munis de tous les instruments de chirurgie,
et nous voilà suivant leur cours avec intérêt.
Nous voyons les ulcères de la vie, c'est vrai, mais
le musée Dupuytren a bien aussi ses charmes;
et il faut avouer que l'hôpital, les faits divers et
les tribunaux moralisent peut-être plus sûrement
les masses que les pillules du docteur Labruyère,
les panacées du pharmacien Montaigne ou la
Sagesse du Sieur Charron.

IV

Sans vouloir faire une étude philologique et
sans chercher *ab ovo* les causes de la phase littéraire que nous traversons, nous croyons découvrir dans *Byron et le Byronnisme* l'origine de la
Nouvelle École.

Ce n'est pas trop paradoxal, comme vous allez
le voir :

Nous sommes en 1830; — la littérature classique est moribonde; le Romantisme qui vient de
naître, fait déjà des effets de torse et montre son
biceps: un instant indécis, les Jeunes-France se
divisent en deux camps. Dans l'un la force domi-
ne ; on y cultive la plastique, la ligne, la couleur,
la *fooorme*. Dans l'autre, la lecture de Byron a

sentimentalisé les cœurs, les idylles maladives
germent dans les cerveaux, le spleen bruine dans
l'âme, on larmoie les amours défuntes ou les
ambitions déçues ; Lamartine grossit un lac de
ses sanglots, Musset empoisonne le beau Rolla ;
de Vigny suicide Chatterton sur le théâtre.

Une partie du public se laisse aller à cet aban-
don de soi-même. Il devient exquis, distingué, de
suprême bon ton de se faire voir blême et verdâ-
tre de teint ; les amants malheureux se noient
dans leurs larmes ; les couturières, par douzaines,
allument des réchauds ; une douce folie se répand
partout ; seul, le bourgeois inconscient et digne,
regarde sans comprendre.

V

Une réaction était nécessaire, l'idéalisme pre-
nait des proportions inquiétantes pour la santé
des esprits, toutes les cervelles étaient parties au
diable, dans l'aérostat de la pensée. Il fallait
ramener le public au réel, à la vérité, aux choses
dignes de commisération ; il était utile de le *désef-
féminer*, de lui montrer, en l'intéressant, la vie
rude, nerveuse, aride, dans ses manifestations de
chaque jour, dans ses luttes, dans ses drames du
grand monde ; de lui faire palper les tristesses de
la bourgeoisie et les misères des bas-fonds de la
société.

— « Assez de byronnisme, trêve aux jérémia-

des et aux variations en mineur sur les amours
personnelles ; ne distillons plus ce miel affadis-
sant, versons quelques gouttes d'absinthe dans
nos œuvres : » — tel fut le raisonnement d'une
nouvelle École, qui semble commencer à Balzac,
pour se continuer par MM. de Goncourt, Zola
et Daudet.

Balzac, cet Hercule puissant de la littérature
moderne, doit être considéré comme le premier
maître du réalisme, de ce réalisme sobre, correct, distingué ; de ce réalisme qui met encore
des gants et qui flâne, monocle dans l'œil, au
milieu des salons les plus mélangés. Toute une
époque défile sous ses yeux, il la fixe magistrale -
ment dans ses immortels chefs-d'œuvre ; mais il
restait à glaner sur ses *timidités*, sur les choses
qu'il n'a pas osé décrire, sur ses craintes, ses
pudeurs, ses délicatesses ; c'est là précisément ce
que font aujourd'hui ses successeurs.

Les héritiers directs de l'auteur de la *Comédie
humaine* se montrèrent plus hardis, mais avec
certaines réticences. Les Delvau, les Champfleury, les Baudelaire, les Duranty et autres,
explorèrent les coins de la vie réelle non encore
décrits. On vit alors, pour la première fois, ces
peintures crayeuses des barrières de Paris, ces
types bouffons des petites villes de province, ces
croquis bizarres d'ateliers d'artistes, cet argot pit-
toresque des différents milieux parisiens, cette
photographie littéraire, pour tout dire, qui rend

exactement l'impression des choses vues et étudiées minutieusement.

VI

Avec Gustave Flaubert et *Madame Bovary*, se
dessine dans sa véritable incarnation le Roman
moderne : c'est de ce chef-d'œuvre, à la fois lumineux de réalité, saisissant et osé, que prennent source les productions remarquables si
discutées aujourd'hui.

Flaubert a créé un genre, qui tâtonnait et se
cherchait avant lui, et, dit-on, il l'a crée comme
se créent les belles choses, sans avoir l'idée
même de sa hardiesse, sans le voulu, sans la
prétention de faire une merveille ; il a écrit *Madame Bovary*, parce qu'il avait vécu son roman ; (1) Il avait vu, il est venu, — il a vaincu, —
la fameuse promende en fiacre, semblait même à
l'auteur, la chose la plus chaste du monde ;
Flaubert avait mis là, toute la virginité, toute
l'heureuse naïveté de son talent ; il racontait et
ne faisait pas, à son sens, une peinture immorale.

(1) *Madame Bovary* fut écrit au jour le jour — nous don-
nons ces détails pour les Bibliophiles curieux — sur un de ces
longs agendas de ménagère qui portent les quantièmes, les fêtes,
les septuagésimes ou sexagésimes, les noms aimés de Sainte-
Anastasie ou de Saint Cyriaque, c'est sur ces pages oblongues
que Flaubert fixa son œuvre impérissable, — voilà un agenda
qui vaudrait cher aujourd'hui !

Après *Madame Bovary* on voit apparaître la *Fanny* de Feydeau, *L'Affaire Clémenceau* de Dumas fils, certains Romans à sensation d'Alphonse Karr, de Sandeau, de Feuillet, de George Sand, dans une tonalité différente, ainsi qu'une foule d'œuvres justement célèbres, signées des noms les plus connus.

Edmond et Jules de Goncourt *spécialisent* le genre, dans cette admirable série d'études qui commencent à franchir le cercle restreint, mais artistique, où leur immense talent fut apprécié et admiré dès l'origine. Puis vient Zola, qui se cantonne en pleine époque impériale, de 1852 à 1870, et qui, avec une vigueur géniale, nous en trace les types les mieux accusés. — *La Fortune des Rougon*, *La Curée*, *La Conquête de Plassans*, *La Faute de l'Abbé Mouret* et *L'Assommoir* sont des Romans typiques, forts, accentués et vigoureusement traités par un artiste qui voit très juste à travers la fougue de son tempérament.

Alphonse Daudet, le dernier venu, dans une manière plus délicate et moins heurtée, a produit des œuvres exquises, ciselées avec art et amour. Ses *Contes du Lundi*, ses *Lettres de Mon Moulin*, *Fromont-Jeune et Risler aîné*, resteront assurément dans l'avenir, comme de fins et fidèles tableaux des mœurs contemporaines.

Nous voudrions parler également de Ferdinand Fabre, l'auteur d'un chef d'œuvre trop peu connu : *L'Abbé Tigrane*. Nous voudrions dire quelques mots sur Tourgueneff, sur Henri et Jules de la Madelène, sur Claretie, sur Noriac, sur Ernest d'Hervilly, sur Cladel et sur tant d'autres hommes de talent, mais, dans cette étude au courant de la plume, que nous regrettons même d'avoir entreprise avec un si grand sans façon, nous sommes forcé de nous arrêter, — au reste, nous dira-t-on, vous êtes Bibliophile et non pas critique : *Ne, sutor, supra crepidam.*

VII

Il faut des Romans aux peuples corrompus, a dit J.-J. Rousseau. Aujourd'hui, tout le monde lit, depuis la laitière qui vend son lait le matin, au coin de la rue, jusqu'à la duchesse sur sa chaise longue; dans notre société actuelle, le Roman est indispensable; Alexis Bouvier et Emile Richebourg font les délices des masses; aucune force morale ne saurait s'opposer à cet engouement. Mais que conclure du Roman moderne, du Roman qui se possède et qui se tient? Ne concluons pas, ou du moins concluons par cette simple conversation que nous eûmes dernièrement avec un de nos plus spirituels Romanciers.

Ah ! Si j'étais plus jeune, nous disait-il, si je ne me trouvais pas dévoré par le temps, par le journalisme, par les gêneurs et aussi par la paresse, quel admirable roman je voudrais faire ?

Comment cela ?

Je ferais rire et pleurer tour à tour.... mais il me faudrait passer des nuits entières, travailler avec une volonté dont je ne me sens plus la force.... que ce serait beau, cependant !

Enfin, que feriez-vous ?

Un Roman par Dépêches.

LE BIBLIOPHILE AUX CHAMPS

Je ne voyage sans livres, ny en paix,
ny en guerre.

MONTAIGNE.

Rus! quando ego te aspiciam! s'ex-
clamait le vieil Horace avec des
perspectives de calme et de repos. —
O ubi campi! modulait Virgile, re-
grettant la tranquillité des champs, les riantes
collines, les ruisseaux jaseurs et les forêts hau-
taines. — O campagnes! lointains paysages, ha-
meaux et prairies, sombres taillis et larges fu-
taies, quand pourrai-je vous retrouver! soupire
de même le pauvre Bibliophile des villes, qui,
après les démarches bouquinières, les luttes, les
recherches patientes de l'hiver, voit renaître les
idylles en son cœur et veut enfin lire dans l'in-
imitable livre de la nature (*si parva licet com-
ponere magnis*). Livre à grandes marges, divi-
nement relié d'azur par le céleste ouvrier de
l'Univers.

Les livres voyagent avec nous, dit Janin : ils
nous suivent à la ville, à la campagne ; on emporte son livre au fond des bois, on le retrouve
au coin du feu ». — Le Bibliophile sait cela, et,

avant de quitter son nid d'hiver, il se prépare à
varier par de douces lectures les longs *far-
niente* et les molles langueurs de sa villégiature.
La valise est prête. — Il passe en revue sa Bibliothèque, lentement, minutieusement, amou-
reusement ; il inspecte avec des regards tendres
et charmés, ses *Juntes*, ses *Dollet*, ses *Vascosan*,
ses *Gryphes*, ses *Turnèbe*, ses *Plantin*, ses *Bas-
kerville* et ses *Elzéviers ;* il considère, avec une
Bibliognostique passionnée, ses volumes aux
armes de M. de Baluze, du Cardinal Dubois,
du Maréchal d'Estrées ou du Comte de Hoÿm.
— Que de bons et sincères amis il va falloir
abandonner là, bien emmaillottés, bien pré-
servés du fléau des insectes, des mites et des
larves, bien en dehors de tout contact humide !
— Le Bibliophile a le cœur serré, il ne peut dé-
tacher ses yeux de tant d'œuvres chéries qui lui
rappellent tous les heureux instants de l'intimité, et aussi, les joies poignantes de la trouvaille. — Il faut cependant partir, et faire un tri
avec discernement.

Ici, ce Ronsard l'attire, puis, tout près, ce
Rémy-Belleau, et plus loin, le marquis de Racan,
ce poëte des gentes pastourelles ; voilà trois
grands chantres de la nature qu'il fera bon de
relire à l'ombre d'un bosquet ou sous la verte
feuillée d'un bois peuplé de rossignols.—Prendrai-
je Madame Deshoulières ? se demande-t-il avec
inquiétude ; choisirai-je Delille et ses *Jardins,*

Jean-Jacques et sa *Botanique*, le sage Lucrèce, le divin Horace, le délicat Tibulle ou l'amoureux Jean Second ? Dois-je emporter les Fabulistes, les Mythologues et environner ma solitude de Faunes et de Nymphes, de Satyres, de Dryades et d'Hamadryades, charmantes Divinités, que mon esprit subjugué verra se jouer entre les arbrisseaux ?—Eh! voici, bien à propos, les *Lettres à Emilie sur la Mythologie,* par Demoustier.... Mais, l'édition est si jolie, si merveilleusement reliée, que je craindrais... de tels livres ne voyagent pas, leur propre splendeur les attache au rivage.

Le Bibliophile est très perplexe ; — choisir parmi ceux qu'on aime n'est pas chose aisée. Ah! que n'a-t-il acheté jadis cette mignonne *Bibliothèque portative du voyageur*, si intelligemment publiée par T. Desoër, commencée vers l'an XI par J.-B. Fournier. — Quelle aimable Bibliothèque de campagne, que cette collection de volumes in-32 qui commence à La Fontaine pour finir au Cardinal de Bernis ! — Heureusement, Cazin vient au secours du Bibliophile voyageur. Il vient, muni de l'Arioste, d'Amyot, d'Anacréon, de Boccace, de Bussy-Rabutin, de Cubières, de Dorat, de Fontenelle, de Boufflers, de Galland, de La Fare, de Marguerite de Navarre, de Marivaux, Marmontel, Piron, Sterne et Rabelais. On peut, certes, avec de tels maîtres, se déclarer satisfait.

Mais parmi les modernes, sur quels auteurs fixer son choix ? On sait Musset par cœur ; Hugo est trop Titanique et ferait payer de *l'excédent*, Balzac peut être abandonné au même titre ; il faut donc des peintres de genre — *ut pictura poesis*, — François Coppée, Josephin Soulary, André Lemoyne et Albert Mérat. Et puis encore ? — le Bibliophile pense, et avec juste raison, qu'on doit laisser dans leur rigidité ces pauvres grands classiques trop froids pour être lus en plein air, et prendre quelques romans — pour ce, il s'appuie sur le raisonnement de S. Mercier : — « Voyez ce qu'on lit à la campagne, dit l'auteur du *Tableau de Paris ;* reviendra-t-on sur une *éternelle* tragédie de Racine ? Non ; il faudra se plonger dans les compositions vastes et intéressantes, dans les romans anglois, dans les romans de l'Abbé Prévôt, dans ceux de l'admirable Restif de la Bretonne... on cherche alors un horizon littéraire, étendu, vaste comme l'horizon qui nous environne ; on a recours aux romans de chevalerie plutôt que de se dessécher l'esprit et l'imagination dans une maigre épître de Boileau ou dans ces ouvrages arides et contournés que le Sanhédrin littéraire (1) vante tout seul et que le reste de la France dédaigne ; — on demande des faits, de l'action, du mouvement ; on aime à suivre tous ces caractères mélangés. »

(1) Mercier entend sans doute désigner ici le pédant La Harpe et son *Lycée*.

Le Bibliophile choisit donc Hoffmann et Ed-
zard Poë, Théophile Gautier et Gérard de Nerval, Mérimée et Stendhal, et aussi quelques vo-
umes du spirituel Monselet, ne serait-ce que
'*Almanach des Gourmands*, un livre qui joint
es délices de l'esprit à ceux de l'estomac, et auquel l'air vif et les longues promenades ne por-
ent pas préjudice... au contraire.

Fier de cette petite Bibliothèque, le voyageur
a pour partir, mais il jette de nouveau un coup
l'œil attendri sur les intimes qu'il laisse derrière
ui ; il dit un dernier adieu aux Moralistes, aux
Tragiques, aux Critiques, aux bons gros Diction-
naires si souvent feuilletés, aux Historiens, aux
Rhéteurs, aux Philosophes, aux Pères de l'Eglise,
à tous ces génies qui se serrent le coude avec
'étonnant esprit de corps de l'immortalité.

Notre Amateur, s'il n'a pas de villa, cherche
un coin silencieux, une chaumière où mettre les
amis qu'il emporte ; ce qu'il lui faudrait, à lui,
e raffiné, ce serait un vetuste castel gothique
pour goûter toute la saveur de ses préférés
les xve et xvie siècles. Il trouve que le décor a
quelque chose de la reliure bien conservée et il
ui semble, que, dans un jardin dessiné par Le-
Nôtre, il dégusterait mieux ses *Lettres de Madame de Sévigné* ou la poésie rectiligne de Des-
préaux ; — on a vu des Bibliophiles qui n'auraient
pu se pâmer aux finesses de Parny ou de Grécourt sans le milieu pastoral du Petit Trianon,

et d'autres, entreprendre un voyage d'Italie afin de lire Casanova ou Carlo Gozzi, nonchalamment couchés dans une gondole vénitienne en vue de La Piazzetta.

Avant que de s'enfoncer dans l'oasis qu'il rêve, le Bibliophile passe dans quelques villes de province où il fouille, remue, bouleverse les rayons des petits libraires ; mais il trouve peu et les occasions sont chauves. — Souvent même, ô stupéfaction ! la mine simple et benoîte du dépositaire de MM. les éditeurs, cache une astuce, une méfiance dont on n'aurait su se douter, et, lorsqu'on croit acheter certains volumes de cabinet de lecture, des Renduel, des Gosselin ou des Poulet-Malassis dans des conditions honnêtes, on voit le petit Papetier-Libraire se redresser de toute la hauteur de ses connaissances, et se mettre à citer les prix fantastiques des grands Bibliopoles parisiens, ainsi qu'un collégien qui fait étalage d'érudition. — Règle générale, en province, où l'on croit rencontrer ou plutôt déterrer tant de choses merveilleuses, on ne trouve que des prétentions boursouflées et des prix le plus souvent excessifs.

Une fois dans son nid de verdure, quelle joie ! quelle jeunesse ! quel enthousiasme ! Ce ne sont pour commencer que de longues promenades à travers prés, avec un ou plusieurs Cazins en poche ; le trop plein de vie semble déborder notre urbain ; il boit l'air champêtre à se rompre

les poumons, et, ce n'est que fatigué, mais non
repu, qu'il vient s'étendre sur la mousse épaisse,
pour lire avec ravissement les bavardages, les
superbes descriptions et l'esprit à foison des
chers auteurs qui l'accompagnent.

Lit-il *Aline, reine de Golconde*, ce conte ravissant de Boufflers ? il ne sait si c'est fiction ou
réalité ; une meunière aux coquets retroussis
de jupe vient-elle à passer ? aussitôt son imagination voit Aline ; — lit-il le *Paradis perdu ?* il
croit le retrouver.

Et le soir des jours de pluie, devant un grand
feu clair et gai de bourrées qui pétillent, les jambes allongées, muni de la pipe familière, le ventre
à l'aise, l'esprit quiet, avec quelle bonne humeur il comprend la large gaieté gauloise de
Maistre Rabelais ou de Béroalde de Verville ; —
ajoutons à cela, une femme qui travaille et des
enfants qui dorment : tout le bonheur de la vie
n'est-il pas là ?

Mais, malheureusement, nous ne pouvons pas
dire : *ab uno disce omnes*. — pour un Bibliophile sage et modeste, qui vit ainsi retiré loin du
monde au tumulte odieux, que de Bibliophiles
qui boivent aux champs l'onde perfide du Lé-
thé ! — la chasse, la pêche, les courses à cheval,
les exercices qui rompent les membres, s'accom-
modent peu de la lecture et font négliger les
livres ; — nous en connaissons plus d'un, qui,
parti avec des caisses de volumes, est retourné

dans ses pénates hivernales sans les avoir même
déballées.

Ces derniers ne sont pas sincèrement Bibliophiles, ce sont des Bibliophiles *ab hoc* et *ab hac*.

L'amour des Livres ne fait pas prime dans
leur cœur ; ils ne se servent de la lecture que
comme d'une flèche qu'ils décochent à l'ennui,
le livre est un rayon de soleil pour eux dans les
jours de tristesse ; lorsque la gaieté les accapare,
ils abandonnent avec ingratitude ces amis des
temps néfastes.

LES PROJETS

D'HONORÉ DE BALZAC

> Les idées sont des fonds qui ne portent
> intérêt qu'entre les mains du talent.
>
> RIVAROL.

ORSQU'UN colosse aussi puissant que
Balzac vient à tomber, vaincu par
un travail opiniâtre et les terribles
secousses d'un cœur battant sans
cesse d'une épaule à l'autre, toute une génération littéraire s'approche, timidement d'abord,
effarée et curieuse, munie de la lorgnette, du
microscope et du scalpel. — La poule aux œufs
d'or est morte ; chacun regarde son plumage, se
remémore les prodiges pondus ; c'est à qui sera
le premier à lui ouvrir le ventre, et, selon le
mot des enfants, à y chercher la *petite bête*. —
Las de filer ses feuilletons aux pieds de ses
créanciers, ayant encore aux lèvres l'amertume
des luttes soutenues, le vaillant Hercule a suc-
combé, laissant un vide immense dans la littérature militante. — Balzac est mort. Vive Balzac !
— La place est aussitôt occupée par les biogra-
phes, ces agioteurs du souvenir ; l'homme n'est

plus, que déjà le héros survit et prête à la légende.

Aux biographies particulières de Honoré de Balzac, ont succédé les portraits intimes et les croquis sans façons, *à bâtons rompus*, du romancier en pantoufles ; il n'est pas de littérateur contemporain dont on ait mieux et plus souvent commenté l'œuvre et la vie, — après Madame de Surville, la sœur dévouée, l'*Alma Soror*, apportant un pieux hommage à la mémoire de son frère, deux amis du *Home,* deux familiers des heureux jours, Th. Gautier et Léon Gozlan se mirent à tisonner la braise encore chaude des *Jardies,* — Lamartine, lyrique contemplateur, étudia l'homme et ses œuvres ; Champfleury, tout en essayant les souliers du géant *(errare humanum),* donna la note de son admiration ; Armand Baschet glana dans le sillon ouvert, et il n'y eut pas jusqu'à Werdet, le libraire éditeur, qui ne voulut, dans un style d'exquise bonhomie et d'après ses souvenirs de boutiquier, juger la vie, l'humeur et le caractère de son génial auteur.

Tant de biographies toisent Balzac du haut en bas, le tournent et le retournent, inventorient son passé, pourtraicturent sa grande figure, largement et minutieusement à la fois, le présentent dans les grands côtés de la vie publique et les petits côtés de l'intimité; réservent peu de place enfin, à de nouvelles investigations. — La cor-

respondance qui fut publiée en dernier lieu, livre
le Tourangeau à nu et couronne la série biogra-
phique, en laissant lumineusement apercevoir
Balzac dans le déboutonné de son talent, à la
bonne franquette de sa gaieté Rabelaisienne, de
ses projets, de ses efforts, de sa tristesse et de
ses larmes.

La Bibliographie, comme prise de couardise
devant sa gigantesque production, est demeurée
hésitante et muette jusqu'alors. — Une *Bibliographie de Balzac* serait cependant un ouvrage
aussi utile que remarquable *; se trouvera-t-il
quelqu'un pour l'entreprendre ? — Quoiqu'il en
soit, il nous a paru intéressant de grouper dans
une étude courte et succincte de curieux et de
catalogographe, plutôt que d'érudit les *projets
littéraires* éclos dans le cerveau du plus grand
manieur d'idées de notre époque.

Balzac seul, eût pu connaître et décrire les
innombrables et étranges idées qui se sont pro-
duites et développées sous son crâne efferves-
cent ; notre rôle se bornera à noter les conceptions qu'il arrêtait sous un titre quelconque
dans un but de Bibliopée.

* Nous venons d'apprendre, avec le plus vif plaisir, qu'un
savant Bibliophile belge, M. Charles de Lorenjaül (vicomte
de S***), bien connu de tous les Bibliophiles pour son aimable
érudition et sa bonne grâce à être utile à chacun, est parvenu
à achever ce travail de bénédictin, qui doit paraître très pro-
chainement chez l'éditeur Calman Lévy, sous le titre de : *Histoire des Œuvres de Honoré de Balzac.*

A peine installé dans sa mansarde de la rue Lesdiguières, avec la Gloire pour maîtresse et *Lui-Même* pour domestique, le jeune Honoré se rompt les poignets dans des compositions qui n'ont jamais vu le jour. — C'est d'abord *Coqsigrue*, un roman qui le hante pendant de longues semaines et qu'il abandonne pour le mieux mûrir et ruminer; puis, c'est un *Opéra Comique (?)* auquel il renonce, faute de compositeur, mais aussi, pour ne pas sacrifier au goût actuel et s'adonner au grand Genre, à la manière des Racine et des Corneille, à son fameux *Cromwell* enfin, dont il résume le plan détaillé dans une lettre à sa sœur Laure (1820). — Pour se délasser des fatigues que lui procure sa Tragédie, le Débutant *Croquignole*, selon son mot. *Un Petit Roman dans le Genre Antique*, fait mot à mot, pensée à pensée, avec toute la gravité qu'une telle chose comporte.

Ces quelques projets occupent toute la première étape littéraire de Balzac ; plus tard, en 1830, il parle avec enthousiasme d'une vaste entreprise, ce sont *Les Trois Cardinaux*, œuvre dans laquelle il eût voulu mettre en scène, le Père Joseph, dit l'*Eminence grise*, Mazarin et Dubois — à la même époque il prépare des Romans et des articles de Revue qui ne furent jamais achevés et peut-être jamais commencés, en voici les titres : *Un Article sur le Serment*, — *Les Causeries du Soir* (volume de nouvelles)

Le Maudit (article ébauché pour la *Revue* de Buloz), *Les Amours d'une Laide*, — *Le Marquis de Carabas*, et, principalement *La Bataille d'Austerlitz*, dont Balzac parle fréquemment comme devant faire partie des *Scènes de la Vie Militaire*.

De 1833 à 1850, l'auteur du *Père Goriot*, fait plus de besogne que de projets ; nous devons néanmoins citer comme tels : *20 pages sur le Salon de 1833*, — *Le Privilége*, roman qui devait suivre *Le Curé de Campagne*, — *L'Histoire d'une Idée heureuse*, dont le prologue seul a été fait, et aussi, un projet de pièce-vaudeville : *Richard Cœur d'Eponge*, que Théophile Gautier devait arranger et faire représenter au Théâtre des Variétés.

Nous nous arrêtons plus particulièrement sur un projet que Balzac paraît avoir beaucoup caressé et qu'il affirme même avoir *exécuté en entier*, bien qu'il n'ait jamais été mis en lumière ; — En 1836, il écrit de La Boulonnière, près Nemours, à maître Werdet, son éditeur : « J'ai terminé le manuscrit de *Sœur Marie des Anges*, je ne veux pas le confier à la diligence. »

Sœur Marie des Anges, cela est patent, n'a jamais existé que dans l'imagination irradiée du romancier, qui voulait peindre, sous ce titre, une âme de jeune fille avant l'invasion d'un amour qui la conduira au couvent — : « Je lui ferai abhorrer les carmélites dans sa jeunesse où elle

ne rêve que le monde et les fêtes, dit-il à ce sujet, (*Lettre à Madame Hanska*, 1838) et le malheur la ramènera au couvent qui sera pour elle
un asile et un refuge. Après avoir passé huit
années au couvent, elle arrive à Paris aussi
étrangère que le Persan de Montesquieu, et je
lui ferai juger et dépeindre le Paris moderne par
la puissance de l'idée, au lieu de me servir de la
méthode dramatique de nos romans. C'est une
donnée nouvelle, et, si je réussis à l'exécuter
comme je l'entends, je vous réponds que vous
serez content de moi. »

Hélas, de *Sœur Marie des Anges*, de ce *Livre
d'Amour*, comme se plaisait à le nommer l'écrivain, il ne reste que ces quelques lignes fugitives !

Mais, ce n'est plus le Balzac aux projets vaga-
bonds qui doit nous occuper maintenant, c'est
l'auteur de la *Grrrande Comédie humaine*, et les
ouvrages divers que cette œuvre immense devait
comprendre dans son ensemble.

Dans les SCÈNES DE LA VIE PRIVÉE, Balzac
avait projeté les romans suivants, dont les
titres seuls nous donnent d'amers regrets : —
Les Enfants, — *Un Pensionnat de Demoiselles*, — *Intérieur de Collége*, puis, (ici nos regrets
s'accentuent), — *Gendres et Belles-Mères*.

Dans les SCÈNES DE LA VIE PARISIENNE devaient prendre place : *Une Vue du Palais*,
— *Entre-Savants*, — *Le Théâtre comme il est*.

Aux SCÈNES DE LA VIE POLITIQUE, se seraient

ajoutées les œuvres suivantes : *L'Histoire et le Roman*, — *Les Deux Ambitieux*, — *L'Attaché d'Ambassade* et... *Comment on fait un Ministère*.

Avant d'entreprendre les SCÈNES DE LA VIE MILITAIRE, Balzac en avait dressé le plan et nous y trouvons ces nombreuses lacunes : *Les Soldats de la République* (trois épisodes), *L'Entrée en Campagne*, — *Les Vendéens*, — Pour *Les Français en Egypte*, les 2e et 3e épisodes font défaut, ce sont : — *Le Prophète*, — *Le Pacha*. Pour le reste, voici tous les titres des Œuvres militaires projetées : *L'armée Roulante*, — *La Garde Consulaire*, — *Un Combat*, — *L'Armée assiégée*, — *La Plaine de Wagram*, — *L'Aubergiste*, — *Les Anglais en Espagne*, — *Moscou*, — *La Bataille de Dresde*, — *Les Traînards*, — *Les Partisans*, — *Une Croisière*, — *Les Pontons*, — *La Campagne de France*, — *Le Dernier Champ de Bataille*, — *L'Emir*, — *La Pénissière* et *Le Corsaire Algérien*.

Il manque deux romans aux SCÈNES DE LA VIE DE CAMPAGNE : *Le Juge de Paix*, — *Les Environs de Paris*. — AUX ETUDES PHILOSOPHIQUES, il en manque cinq : *Le Phédon d'Aujourd'hui*, — *Le Président Fritot*, — *Le Philanthrope*, — *Le Nouvel Abeilard*, — *La Vie et les Aventures d'une Idée*. — Dans les ETUDES ANALYTIQUES, enfin, Balzac devait faire : *L'Anatomie des Corps Enseignants*, *Une Monographie de la Vertu* et un grand *Dialogue Philosophique et Politique sur la Perfection du XIXe siècle.*

Notre travail de catalogographe se termine ici, — nous ne chercherons pas à y ajouter un *Post-face*, ni à savoir, si Balzac, qui a changé tant de fois les titres de ses œuvres, a refondu ses premiers projets et leur a donné un corps sous une autre enveloppe, — nous avons pensé pouvoir être agréable à chacun en réunissant, au milieu de *Nos caprices*, ces quelques notes sérieuses sur les ouvrages projetés par notre Grand Romancier, nous en avons donné les titres pour ce qu'ils valent, sans commentaires ni frais d'érudition, — qu'on nous tienne compte du reste.

VARIATIONS

SUR LA RELIURE DE FANTAISIE

> La vérité dort auprès des grands
> dans de brillantes reliures ; la sagesse
> veille auprès des vrais lecteurs sous
> de minces cartonnages.

L semble que les Bibliopégistes modernes, aient oublié l'art de ces lourdes mais fastueuses reliures des XVe et XVIe siècles, en drap de satin azuré, en drap d'or ou de Damas; en cuir blanc ou rouge; en *veluyeau* sanguin, vermeil, vert ou noir; *en pel velue*, en soie blanche, ouvrée ou tannée; en cuir de cerf, estampé à froid ou doré à chaud; en parchemin gaufré, en étoffe de Panne; en velours pourpre, frappé d'écussons ou de fleurs de lys; le tout rehaussé, harnaché pour ainsi dire, de bossettes, d'agrafes, de *fermouers, fermaulx, fermails* ou *fermaillets*, de *pipes* d'or ou d'argent, de *tuyaux* du même métal pour tourner les feuillets ; de perles, d'émeraudes ou de saphirs, de toute l'orfévrerie la plus étincelante.

Les livres du bon temps étaient de véritables objets d'art; on les retrouve dans d'anciens inventaires, énumérés pêle-mêle avec les robes, les chaperons, les dagues, les Hanaps et les coupes. Le Duc Philippe-le-Hardi avait adapté aux ais d'un livre de prière, une platine d'argent doré, avec une petite niche, pour y mettre ses lunettes afin qu'elles ne fussent cassées, et l'histoire nous apprend, que ce même Duc, paya seulement seize livres à un certain Martin Lhuillier, Marchand-Libraire à Paris, pour lui avoir couvert huit volumes, Romans, Bibles et autres, reliés en *cuir en grain*.

L'oubli de telles armures sumptueuses et surtout de prix aussi doux est à regretter, aujourd'hui, que les relieurs adonnés au maroquin du Levant, au vélin, au chagrin et à la basane se font payer si cher.

On a dit et répété souvent, que la Reliure, au fond, n'est au Livre que ce que l'habit est à l'homme ou la livrée au serviteur; or, l'habit suit la mode, et la mode se trouve hélas ! de nos jours, froide, correcte, guindée, sobre et banale ; l'art de la reliure s'en ressent ; nous n'entendons pas parler de la grande reliure, à compartiments, à ornements à dentelles, à entrelacs; de ces livres qu'on n'ose toucher dans la crainte de ternir le brillant du maroquin ou l'éclat des petits-fers, mais de la demi-reliure, — de la reliure pour tous,—du cartonnage de fantaisie moderne, de la robe de chambre du livre, en un mot, qui donne à cet ami qu'on aime, tout le négligé charmant des causeries intimes.

Les cartonnages, dits *à la Bradel*, sont fort appréciés aujourd'hui ; ils forment une enveloppe gracieuse et modeste, et, sans rien enlever à l'ampleur des marges, ils conservent la virginité de la brochure. Ces cartonnages sont d'excellents vêtements préservatifs ; ils ont la commodité, la flexibilité, la grâce, mais il leur manque la gentillesse, l'esprit fantaisiste, l'aspect d'art que nous voudrions voir adopter plus généralement. Ils sont classiques en diable ; c'est là leur grand défaut.

On emploie à l'usage de ces demi-reliures, soit du *papier peigne*, soit du papier marbré, maroquiné ou à *escargots*, soit du papier de couleur mate, soit encore de la toile anglaise, gauffrée, teintée, unie ou à ramages, chagrinée ou glacée ; quelques relieurs, imitateurs du genre hollandais, usent de parchemin blanc ou de vélin ; ils replient les bords en *gouttières*, ornent le dos de très vilaines lettres polychrômes calligraphiées, et puis, c'est tout... ; il semble que là, se trouvent, les colonnes d'Hercule du cartonnier relieur.

Les Bibliophiles ne doivent pas négliger le petit art de ces demi-reliures ; c'est à eux de chercher, de vivifier leur goût, de le spécialiser, de trouver l'original et de l'imposer à l'imagination rétive de leurs fournisseurs ordinaires, qui demeurent trop longtemps sur le chemin du convenu et du poncif.

Un Livre doit être relié, selon son esprit,

selon l'époque où il a vu le jour, selon la valeur qu'on y attache et l'usage que l'on compte en faire ; il doit s'annoncer par son extérieur, par le ton gai, éclatant, vif, terne, sombre ou bigarré de son accoutrement. Rien qu'en le voyant sur les rayons d'une Bibliothèque, l'âme du lecteur doit se remémorer les sensations éprouvées, les douces heures qu'elle a passé à savourer sa sagesse ou son esprit ; un Bibliophile de goût se reconnaît à ces détails. Existe-t-il quelque chose de plus horrible à voir qu'une Bibliothèque monochrome ! un *Bibliotaphe* seul peut en posséder une semblable.

Les Livres réunis habilement doivent subir un prisme ; — le dos de chacun d'eux devrait peindre son caractère individuel ; n'est-ce pas là qu'on voit ses volumes lorsque, dans les longues flâneries, on flatte de l'œil sans y toucher tous ces gais compaignons qu'on a su assembler en docte académie. — Si votre Molière est relié en veau porphyre, que *Montaigne* le soit en veau racine, *Montesquieu* en veau granit et *Dorat* en veau rose, n'allez pas couvrir la *Pucelle de Voltaire* en maroquin blanc, réservez cette nuance virginale à *celle* de *Chapelain* ; vêtir les *Lettres de Madame de Maintenon* en Lavallière, serait une hérésie ; mais faire endosser aux *Historiettes de Tallemant des Réaux* une tunique vert bile, ne serait que justice.

Certains amateurs, bien pensants, ont adopté

une couleur particulière pour chaque classe de
leur Bibliothèque. — Ces *Chromo-Bibliotactes*
habillent de violet, nuance du prélat, les ouvrages de *Théologie* et les *Saintes Ecritures*.
En souvenir du printemps de la Nature, l'*Histoire naturelle* est revêtue du vert le plus tendre ;
aux *Œuvres dramatiques,* ils accordent le rouge,
couleur de sang ; pour les *Romans*, ils prennent
le rose, tandis que pour les *Livres d'histoire,* de
Médecine ou de *Jurisprudence*, ils emploient le
noir avec de minces filets d'or. — L'*Astrologie*
porte l'azur céleste, les *Œuvres Badines* sont
gratifiées du ton mauve, les *Voyages* de bleu
d'outre-mer, les *Traités du Mariage* de jaune
serin et les Opuscules *Scatologiques* de Terre de
Sienne.

Cette manière de procéder n'est pas absolument fautive, bien loin de là ; mais une Bibliothèque, ainsi classée, ressemble trop à une
armée divisée en différents corps de troupes ; on
reconnaît de loin l'uniforme de ses soldats, mais
on n'en dévisage pas suffisamment l'originalité. —
Ceci dit, revenons aux cartonnages de fantaisie.

Au dix-huitième siècle, chaque relieur en
avait sa spécialité, son genre à lui, et, pour
rien au monde, il n'eût voulu copier la manière de ses plus illustres confrères ; l'un, faisait
les maroquins ; l'autre, les veaux fauves, celui-ci,
les vélins blancs ; celui-là, les demi-reliures ou
les encartonnages. Tous luttaient de délica-

tesse et de goût afin de spécialiser davantage
leur talent individuel. — Mesdames de France,
filles de Louis XV, ayant désiré avoir chacune
sa Bibliothèque particulière, s'adressèrent aux
Derome père et fils, pour faire relier les livres
qu'elles avaient rassemblés ; Mme Adélaïde prit
pour couleur, le maroquin rouge ; Mme Victoire,
le maroquin vert-olive ; et Mme Sophie, le maroquin citron.

Aujourd'hui, la reliure qui a gagné comme
métier, a décliné comme art ; elle ne suit aucun
précepte et séjourne dans le stérile et le monotone. Les Bibliophiles artistes peuvent la
sortir de ce marasme, en faisant exécuter pour
leurs volumes des demi-reliures de fantaisie em-
preintes de personnalité et d'originalité. Ils peuvent employer à cet effet les délicieux débris des
temps passés et les jolies choses de l'industrie
moderne ; les étoffes de soie, les peaux de che-
vreau minces, les cuirs exotiques, les tissus à arabesques, toute la gamme chromatique et exquise
des tons pâles et fins qu'on ne songe jamais à
mettre en usage. — Un Livre doit être habillé avec
toute la maturité que l'on apporte aux choses sérieuses ; il faut, pour ainsi dire, le consulter, le
relire avant que de le livrer à l'ouvrier ; on doit
être pénétré de sa tournure d'esprit et rêver à sa
toilette avec toute l'orgueilleuse vanité, toute la
science d'harmonie que l'on apporte à la toilette
d'une femme.

La reliure de veau brun, de vélin ou de peau
de truie, convient à l'antiquité, aux xve, xvie et
xviie siècles ; mais lorsque nous arrivons à la
Régence et au xviiie siècle, à cette époque de
rocaille, de luxe mignard et caressant, la fantaisie peut, à la rigueur, prendre ses ébats. —
N'allez pas faire tailler, par exemple, un vêtement de toile verte, rouge ou grise pour ce *Fau-
blas*, pour ce *Pied de Fanchette* ou pour ces
Contes grivois du charmant de *Caylus* ; Thouvenin, pour de tels ouvrages, composait une reliure *à la fanfare* ou *à la rose,* comme il les ap-
pelait ; mais, si vous ne voulez leur accorder que
la demi-reliure, cherchez, consultez votre tact
et trouvez. — Pour nous — qu'on excuse notre
extravagance, si extravagance il y a, — lorsqu'il
s'agit de revêtir un de ces fins conteurs du siècle
dernier, nous rôdons dans les antres du bric-à-
brac, entassant les brocarts, les vieilles étoffes
de soie, les velours de Gênes ou de Venise, puis,
si nous mettons la main sur un petit carré de
satin broché, épave de quelque falbalas traîné
dans les allées de Versailles, vite, nous achetons
le chiffon, et, courant chez le relieur, qui ne
manque jamais de pousser les hauts cris, nous
lui disons impérieusement : « Voici un *cartonnage Pompadour* de notre invention, au lieu de
votre vilaine toile anglaise, prenez ceci ; faites
broder le titre, à l'endroit du dos, à deux ou trois
centimètres du haut du volume, dans l'inter-

valle dès fleurs brochées ; dorez en tête, ajoutez un signet d'un rose passé, mettez tout le temps et tout le soin nécessaires, exécutez fidèlement ce qui vous est commandé et ne répliquez pas.

Ce *Cartonnage Pompadour*, nous pouvons l'affirmer, est tout gracieux et d'une couleur locale qui charme. — Quel plaisir de lire, sous ce costume, *Crébillon le fils*, de *La Morlière* ou de *Cahusac !* Ce n'est, en réalité, qu'enjuponner davantage des œuvres faites pour des femmes, mais l'ombre de ces voluptueux auteurs ne peut que s'en réjouir. — Nous dirons plus, si un jour, quelqu'amateur venait nous apprendre qu'il a placé dans le *Sopha*, un sachet à la Sénéchale, et un autre de poudre d'Iris, dans les *Bijoux indiscrets*, nous le jugerions petit-maître, mais homme de goût et nous lui crierions : Bravo.

Un roi d'Egypte, Ozimandias, avait écrit sur la porte de sa Bibliothèque : *Trésor des Remèdes de l'âme*; Jules Janin, modifiant les termes, mit sur la porte de la sienne : *Pharmacie de l'âme*. — Si nous prenons la métaphore à la lettre, nous dirons qu'une Bibliothèque doit être administrée comme une pharmacie; la couleur seule des livres doit indiquer la nature du remède ; il ne faut pas prendre le poison pour l'antidote, le *Marquis de Sade* pour l'*Internelle Consolation ;* le honteux Marquis, sera relié en peau de boa tannée et cylindrée, environné de fermoirs solides, tout devra indiquer le venin

Borgiaque qu'il enferme. — L'*Internelle Consolation*, au contraire, dans son enveloppe de maroquin blanc semée de croix d'or, dira de suite
aux yeux : « *Venite ad me afflicti mærore* ».
C'est encore un point à observer dans la reliure
des Livres.

Pour les auteurs modernes, l'imagination du
Bibliophile peut donner un libre cours à la fantaisie bien entendue ; lorsqu'une même littérature originale possède des écrivains d'un
caractère aussi nettement accusé que Victor
Hugo, Musset, Dumas, George Sand, Mérimée,
Théophile Gautier, Gérard de Nerval, Baudelaire, Stendhal et Flaubert, on peut se livrer
sans crainte aux plus jolies demi-reliures qui se
puissent voir.

La Chine et le Japon nous envoient à profusion
depuis quelque temps, des sortes de cuirs gaufrés,
dorés, mordorés, mats, noirs ou rouges ; les
uns, tatoués de plaques brillantes ; les autres,
bigarrés avec une habileté naïve qui enchante
les regards. Il existe, de même, des Crépons d'un
tissu léger qui s'élargit à l'eau, des papiers japonais ornés de compositions brillantes et harmonieuses, d'un coloris où rien ne se heurte ;
toutes ces *babioles*, d'un goût si délicat et d'un
prix si modéré, sont recherchées des artistes et
abandonnées des Bibliophiles ; c'est un tort, car
leur emploi, digne des Livres modernes, donne
à ceux qui en sont décorés une originalité gra-

cieuse qui contraste fort heureusement avec les maroquins, les chagrins ou les parchemins antiques.

Ces japonaiseries peuvent être mises en usage ensemble ou séparément; — dans une demi-reliure de maroquin à mosaïque, avec coins, introduisez le papier multicolore et oriental que nous vous indiquons, ou bien, faites encartonner un volume, en cuir argenté, de même provenance; le titre à froid posé sur le dos même du volume; cherchez toutes les combinaisons possibles, vous trouverez un effet saisissant, une reliure agréable et commode, et vous abandonnerez bien vivement les papiers *peigne* ou unis, les toiles, les basanes, et tous les autres procédés ternes et vulgaires dont les moindres désagréments sont d'être laids et de ne rien exprimer à l'œil qui les contemple.

Voyez entre autres la *Guerre du Nizam*, de *Méry*, recouverte des dessins guerriers de ces papiers du Japon ; de suite, ce Roman exprime par son dehors le mouvementé de son esprit ; voyez *Salambô* enfermé dans un cuir byzantin, et encore les *Caprices en zigzags*, de Gautier, emmaillottés dans les arabesques d'un Crépon; tous ces cartonnages, ne disent-ils pas mille fois plus de choses qu'un dos chagriné à titre d'or? Pour *Mérimée*, pour de *Nerval*, pour *Barbey-d'Aurévilly*, pour *Edgard Poë* ou *Baudelaire*, c'est bien là ce qu'il faut. — Afin de mieux exprimer

notre façon de voir et de comprendre la demi-
reliure de fantaisie, il nous faudrait le style pro-
fessionnel et coloré d'une couturière ; nous ai-
merions à pouvoir décrire une reliure tons sur
tons ou suivant les variantes des pièces, des
mosaïques, des signets et des gardes, — quelque
chose dans cette manière : « Toilette pour un
vol. in-18 : tunique bleu pâle, avec pièce pour
titre jaune de Naples, rehaussée de filets noirs,
signet bleu marine, dorure en tête, or bronze ;
tranches légèrement ébarbées, gardes jaunes as-
sorties à la pièce, avec ex-libris frappé en noir au
milieu. — Date et lieu de publication à froid au
bas du dos. »

Nous aurions mille toilettes de ce genre à
donner, mais le style n'y est pas, et d'ailleurs les
Bibliophiles, nos confrères, sont trop artistes,
trop gens de goût et de sens assuré, pour que
nous songions un seul instant à vouloir ébau-
cher des projets de demi-reliure ; — qu'ils
veuillent bien prendre en bonne note cependant les quelques idées que nous avons émises
ici. Nous serons heureux de n'avoir pas prêché
dans le désert. — Ainsi soit-il !

RESTIF DE LA BRETONNE

ET SES BIBLIOGRAPHES

'ŒUVRE de Restif de la Bretonne, œuvre énorme et mouvementée, eut la
destinée la plus bizarrement acci-
dentée que livres puissent rêver ; glo-
rieuse au début, discréditée hier, en pleine
vogue aujourd'hui, quel sera son sort demain ?

Restif, ce grand prodigue de sa vitalité, après
avoir surmené sa vie et dispersé en menue mon-
naie son incontestable talent, expira à Paris le
3 février 1806, à l'âge de soixante-douze ans. Ses
propres contemporains commençaient déjà à
l'oublier, et il fallut que sa mort vint cingler,
comme d'un coup de fouet, l'indifférence
générale dont ses derniers jours étaient enve-
loppés.

Ses obsèques furent pompeusement célébrées;
l'Institut y envoya une députation, les journaux
honorèrent Restif ainsi que ses ouvrages, et plus
de mille huit cents personnnes suivirent son

corps au cimetière Sainte-Catherine(1) où il fut inhumé.

Sa tombe à peine fermée, l'émotion du moment passée, Paris qui comble si hâtivement ses vides, panse si vivement ses plaies, et qui sèche ses pleurs par un éclat de rire ; Paris, tout entier aux passions de la politique et de la guerre, oublia Restif; et les deux cents volumes, où l'âme du pauvre romancier était toute semée, furent englobés dans la plus profonde insouciance.

Le glorieux écrivain était déchu ! Ses ouvrages ornèrent pêle-mêle les parapets des quais, ils furent vilipendés, rejetés avec mépris, exposés aux injures de l'air et de la pluie et trop souvent, hélas ! abandonnés à l'épicerie, ce prosaïque Montfaucon des volumes infortunés.

L'époque, il est vrai, ainsi que les événements, prêtaient assez peu à la bibliomanie ; la vie fiévreuse de chacun ne laissait guère de loisirs pour les doux passe-temps du livre, et les bouquins, ces vrais sages, durent attendre une ère de paix et de science pour enseigner de nouveau leur grande morale si variée.

Restif, au demeurant, ne semble avoir écrit spécialement que : *ad posteros* et son œuvre est de celles qui ne peuvent mourir. En s'attachant à peindre son siècle avec le coloris réaliste qu'il

(1) Aujourd'hui cimetière du Mont-Parnasse.

puisait sous ses yeux, en traçant les silhouettes nettement accusées des mœurs au milieu desquelles il se mouvait, en calquant enfin, pour ainsi dire, la vie, le costume et le langage exacts de ses contemporains, il dut penser, avec raison, qu'un jour viendrait où les savants et les curieux se montreraient désireux de reconstituer son époque dans ses moindres détails et de savourer les parfums du passé. — Ce temps est venu, et tous ses volumes, fidèles représentants de la seconde moitié du xviiie siècle, sont recherchés et hors de prix aujourd'hui.

Restif de la Bretonne est à l'ordre du jour et c'est à M. Charles Monselet que revient l'honneur d'avoir le premier exhumé et remis à la mode d'une manière aussi complète qu'intéressante les œuvres de ce fécond littérateur (1)

Dans les numéros du *Constitutionnel* des 17, 18 et 19 août 1849, le spirituel auteur *de M. de Cupidon* consacra à Restif de longs articles qui devaient servir de base au travail si curieux qu'il publia cinq ans plus tard (2).

(1) Quérard dans *La France littéraire*, Didot, 1835 ; M. Eusèbe Girault, dans *La Revue des Romans* (2 vol. in-8°, 1839, tom II, pag. 199-204), et Pierre Leroux dans les *Lettres sur le fouriérisme* (*Revue sociale* de Pierre Leroux, mars 1850) avaient déjà rédigé de curieuses notices sur Restif de la Bretonne.

(2) *Restif de la Bretonne,* sa vie et ses amours, etc., par *Charles Monselet*, avec un beau portrait gravé par Nargeot. Paris, Alvarès fils, éditeur, 1854.

Dans l'intervalle, en 1850, la *Revue des Deux-Mondes* fit paraître une analyse de *M. Nicolas ou le cœur humain dévoilé* (1)

Cette étude, fort bien écrite et présentée par Gérard de Nerval, montre l'homme plutôt que l'écrivain, c'est la biographie de Restif, ses aventures amoureuses, ses misères, c'est, en un mot, le romancier mis en roman par un rare poëte.

Ces deux bio-bibliographies traitées de manières toutes différentes, mais de mains de maîtres, suffirent pour rendre aux livres de Restif de la Bretonne toute leur vogue d'antan et au delà ; on commença à rechercher les *Restif*, on y découvrit des gravures précieuses, tant pour la finesse d'exécution que pour la fidélité des modes qu'elles reproduisent ; bref, les bibliophiles s'aperçurent que l'œuvre entière du polygraphe était intéressante à plus d'un titre et digne de figurer dans les plus fières bibliothèques.

L'orthographe variée et singulière, le piquant des confessions de l'auteur, l'étrangeté de ses romans, composés pour la plupart avant d'être écrits, et qui semblent prêter à Restif le spirituel mot de Rivarol : *L'imprimerie est l'artillerie de*

---

(1) *Histoire d'une vie littéraire au* xviiie *siécle.* — *Les Confidences de Nicolas.* (Restif de la Bretonne) par Gérard de Nerval, nos du 15 août, 1 et 5 septembre 1850. — *M. Nicolas ou le cœur humain dévoilé,* fait partie des *Illuminés ou les Précurseurs du socialisme,* Récits et portraits, par Gérard de Nerval, dont la première édition fut donnée par Victor Lecou, en 1 vol. in-12, 1852.

la pensée ; les formats même de ses volumes et la difficulté de les réunir en œuvre complète, tout contribua à faire briller, avec le plus grand éclat, la renommée un moment ternie du père du *Pornographe.*

Ce fut bien vite une *Restifomanie* parmi les collectionneurs parisiens ; du petit au grand, chacun voulut avoir Restif partiellement ou en nombre, et dans l'un de ses derniers catalogues, le libraire Auguste Fontaine mit en vente un Restif de la Bretonne dans les conditions suivantes :

« ŒUVRES DE NICOLAS-EDME RESTIF DE LA « BRETONNE. Deux cent douze parties ou tomes « en cent cinquante - quatre volumes in-18, « in-12, in-8, et in-fol. — maroquin, dos orné à « petits fers, fil. tr. dorée (Chambolle Duru); su- « perbe exemplaire, richement relié, lavé et « encollé. — Prix ; VINGT MILLE FRANCS. »

20,000 francs !!! Il est juste d'ajouter qu'on ne connaît en France qu'une dizaine de collections complètes des œuvres de Restif de la Bretonne : la Bibliothèque nationale en possède une, le libraire Fontaine, deux (probablement vendues); les autres appartiennent à MM. le duc d'Aumale, le baron J. de Rothschild, Toustain de Riche- bourg et autres bibliophiles aussi féroces que riches. (1)

---

(1) M. Restif de Tonnerre (Yonne), descendant de Restif, possède aussi au grand complet et dans un très bel état, les œu- vres de son grand parent

L'engouement acquit des proportions si énormes que le savant bibliophile Jacob (Paul Lacroix) dut prendre les choses en main, et avec une science étonnante et un travail d'investigation des plus remarquables, il fit paraître LA BIBLIOGRAPHIE ET L'ICONOGRAPHIE *de tous les ouvrages de Restif de la Bretonne.* Cet ouvrage colossal, outre *la description raisonnée des collections originales, des réimpressions, des contrefaçons, des traductions, des imitations,* contient les notes historiques, critiques et littéraires les plus curieuses et les mieux étudiées.

Après cette bibliographie de M. Paul Lacroix, on eût pu croire que tout avait été dit sur Restif de la Bretonne. Point ! un nouveau volume parut. M. Firmin Boissin, dans un petit in-8 d'une centaine de pages, trouva encore moyen de parler de notre auteur d'une aimable manière ; il jugea l'homme, l'œuvre, la destinée d'icelle, et ses bibliographes. L'on peut dire que ce volume, loin d'être inutile, est un excellent complément d'ensemble sur tout ce qui a été fait et écrit sur l'écrivain du *Paysan perverti.*

M. Firmin Boissin ne clôt pas la série des Restifographes. M. J. Assezat, un sympathique érudit trop tôt enlevé à ses travaux, en tête d'une réimpression *d'un choix des Contemporaines,* fit une notice annotée traitant de Restif, de son œuvre et de sa portée, et nous ne doutons pas qu'il ne se trouve encore quelqu'un pour parler de Restif et intéresser les lecteurs sur ce grand prolifique en tout genre, qui laisse encore des côtés curieux à observer pour la critique et l'érudition.

Si on peut taxer l'œuvre de Restif de la Bretonne de légère et même quelquefois d'immorale, on doit d'un autre côté songer au milieu où cette œuvre fut conçue et produite, et nous ne saurions trop avancer que ses livres sont de première utilité pour l'étude et l'histoire des mœurs au XVIIIe siècle. Les matériaux et les documents qu'ils contiennent, les coutumes qui s'y reflètent comme dans un fidèle miroir en feront toujours des trésors du plus haut intétêt pour les bibliophiles et les érudits.

L'œuvre immense de Restif sera-t-elle réimprimée ? En totalité, la chose est impossible ; en partie, nous croyons pouvoir assurer que oui. — Déjà plus d'un essai a été tenté avec succès, tant en France qu'à l'étranger. En faisant un tri judicieux dans les principaux ouvrages de la collection, dans les *Nuits de Paris*, dans *Les Parisiennes*, dans *Les Françaises*, dans *Le Palais Royal*, dans les *Années des Dames Nationales*, dans *Les Posthumes*, dans les *Idées Singulières* et *Les Veillées du Marais*, on arriverait certainement à prendre le dessus du panier de l'œuvre de Restif de la Bretonne, dont, il faut bien le dire, la majeure partie des romans est si confuse, si démodée, qu'il est presque impossible d'en affronter la lecture aujourd'hui.

Quoiqu'il en soit, Restif, cet être tout de contraste, restera, de nos jours comme dans l'avenir, l'écrivain le plus bizarre, le plus étrangement fécond dans la littérature du xviiie siècle ; disons plus, ce fut un Bibliophile à sa façon et ce titre seul nous a suffi pour que nous lui consacrions ces quelques lignes.

LE CABINET

D'UN EROTO-BIBLIOMANE

> Ubi turpia non solum delectant,
> sed etiam placent.
>
> SÉNÈQUE.

OUVENT, je le rencontrais chez les grands libraires de la rive gauche, parlant sobrement, dans une note basse, fatiguée, presque enrouée ; avec une allure étrange et cet air de gêne et de discrétion que l'on voit aux conspirateurs. — Il semblait, devant un tiers, vouloir s'effacer, et, s'il exprimait ses désirs, ce n'était que d'une façon indécise et inquiète ; lançant des phrases indéterminées, brèves, pleines d'une autorité craintive : « Trouvez-moi la chose en question », disait-il au libraire, ou bien : « N'oubliez pas, en grâce, ce que vous savez ; il me le faut coûte que coûte ; n'allez pas trop m'écorcher cependant ; — je repasserai bientôt. »

Je ne sais quel vague caprice me poussait à connaître ce Bibliomane bizarre, musqué, enveloppé de mystère ; je pensais que cet être singulier n'était pas à coup sûr le premier venu ; sa physionomie seule m'intriguait particulièrement, et sous la sénilité vainement dissimulée de sa démarche, je pressentais un Bibliophile d'une race à part.

Grand, droit, corseté dans une longue houppelande lui tombant aux talons ; le soulier mince, effilé, montrant le bas de soie, le visage rasé, maquillé, poudrederizé, les cheveux frisés et pommadés, le monocle d'or dans l'orbite droite, relevant la paupière affaissée sur un œil éteint; le chapeau incliné sur l'oreille, la cigarette aux dents et le stick en main, il me rappelait, dans la pénombre du souvenir, cet admirable type de vieux beau, si magistralement crayonné par Gavarni, avec cette légende spirituelle et réaliste : « *Mauvais sujet qui pourrait être son propre grand-père.* »

A peine arrivait-il dans une librairie, qu'il jetait un regard inquiet tout alentour ; si une dame s'y tenait, assise au comptoir, il était agité, nerveux, vivement préoccupé ; son malaise se manifestait par des mouvements d'impatience accentués et des tics involontaires qui brisaient, en l'écaillant, l'épaisse couche de fard étendue sur ses joues. — On devinait qu'il eût voulu être seul, dans une causerie d'homme à homme ; aussi ne disait-il au libraire que ces simples paroles : « L'avez-vous ? — Non, répondait-on ; — Pensez-y, n'est-ce pas », reprenait-il avec découragement, et il se retirait. — Un coupé de couleur claire, tendu à l'intérieur de lampas rose broché d'argent, l'attendait à la porte, notre Bibliophile Marquis de Carabas y montait; la portière se refermait, et le cocher poudré à frimas avait à peine fouetté l'alezan qui piaffait, que l'attelage déjà disparaissait au loin. C'était une vision.

J'appris qu'il se nommait le Chevalier Kerhany ; il vivait, me dit-on, assez joyeusement avec les dames, mais demeurait fort réservé et d'humeur misanthropique avec ses semblables. Il recevait peu chez lui et toujours avec une sorte de méfiance instinctive ; on racontait que son intérieur était d'un luxe inouï et que la folie y agitait ses grelots dans des orgies dignes de Tibère ; il se donnait chez lui, au dire de chacun, des petits soupers à faire ressusciter de plaisir tous les roués de la Régence; personne néanmoins ne se vantait d'y avoir assisté. — De fait, le Chevalier était assez demi-mondain ; il se rendait de temps à autre au bois, et, les soirs d'Opéra, il stationnait des heures entières au foyer de la danse. — Les déesses de l'entrechat l'entouraient, le noyaient dans des flots de gaze bouffante, lui lançant des pointes grivoises qui avivaient le feu libertin de son regard de faune, tandis que debout, dans une pose à la Richelieu, il se plaisait à distribuer à ces terribles petits museaux de rats, les pastilles de sa tabatière ou les sucreries variées dont ses poches étaient toujours pleines.

Ces détails étaient faits plutôt pour attiser que pour calmer ma puissante curiosité à son sujet ; je résolus de suivre le précepte des stoïciens, le fameux *Sequere Deum*. Je m'aperçus en effet que le destin sait nous guider, car, en cette occasion, il me servit à souhait.

II

Je me trouvais un soir dans une de ces grandes fêtes parisiennes, brillantes et tapageuses, chez une artiste célèbre où un de mes amis m'avait conduit. — Presque abandonné dans un petit salon d'un rococo exquis, tout parfumé de couleur locale, renversé dans une quiétude parfaite sur le coussin d'un divan japonais, je me laissais bercer par une valse languissante, dont les accents m'arrivaient affaiblis, comme tamisés par le lointain et les lourdes tentures ; tout en regardant avec distraction un plafond délicieusement composé dans le goût de Baudoin, j'avais presque perdu la notion du lieu où j'étais céans, lorsque, tout à coup, près de moi, sur le même divan, dodelinant de la tête, et marquant du bout de sa bottine vernie le rhythme de la danse, je vis, dans l'élégance du frac, le gardenia à la boutonnière, le plastron de chemise tout chargé de diamants, mon mystérieux Bibliomane, le Chevalier Kerhany, qui paraissait, lui aussi, fort peu s'inquiéter de ma présence. — Je ne me demandai pas comment il était venu là, sans que je l'entendisse approcher, je pensai de suite que l'occasion, me frolant de son unique cheveu, je devais le saisir en toute hâte et m'y cramponner; aussi, toussant légèrement pour éveiller son attention et mieux affermir ma voix :

— Quelle voluptueuse et adorable chose, que la valse allemande, murmurai-je, afin d'engager la conversation.

— Adorable ! adorable ! dit-il simplement, sans abandonner son laisser-aller de tête et de bottine.

— Il n'y a que Strauss de Vienne, repris-je, pour concevoir et écrire ces motifs entraînants, vifs, colorés, qui fouettent le sang, qui empoignent et font passer un chaud frisson du cœur aux jambes.

— Il n'y a que Strauss, en effet, soupira-t-il comme se parlant à lui-même ; ...cependant Gungl's.

—Ah ! Gungl's, fis-je, charmant compositeur. — *Le Rêve sur l'Océan* est une œuvre toute d'harmonie.

— Toute d'harmonie ; oui, toute d'harmonie, me répondit-il avec laconisme, comme fâché d'avoir à me parler.

—Il y eut un silence ; — mon voisin de divan, renversé en arrière, avec une moue d'ennui, siffiottait une sorte de menuet. — Je ne perdis pas courage et fis un nouvel effort.

— Si belle que soit la valse de perfection moderne, hasardai-je, elle ne laisse pas de faire regretter très vivement aux délicats ces mélodies du xviiie siècle, mélancoliques, naïves et simples, si séduisantes par le caractère, si pénétrantes de pensée et si gracieuses de style.

Il souriait, semblant m'écouter avec plaisir et même m'approuver ; — Je continuai :

— Est-il rien de comparable aux Quintettes de Mozart, aux Gavottes de Rameau, aux Menuets de Boccherini et de Reicha, aux Symphonies de Haydn et de Beethoven, aux Préludes, aux Rondos, Duos, Quators, aux Concertos, aux Thèmes variés composés vers 1725, et plus tard par tant de charmants musiciens aujourd'hui ignorés pour la plupart.

— Et les airs pour fifre ! et les douces romances ! et les motifs pour clavecin ! fit le Chevalier en se redressant subitement ; les motifs pour clavecin, Monsieur, que de verve amoureuse ! que de charmes alambiqués ! que de légèreté et en même temps que de nonchalance ! Hélas ! le piano rend mal toutes ces jolies choses et je préférerais mille fois les voir exécuter sur le clavier d'une Epinette que sur le meilleur Pleyel du monde.

— Sans compter, dis-je, faisant brusquement diversion à la conversation, sans compter que les Clavecins étaient des meubles ravissants, dé-

corés avec un art incomparable par des artistes
tels que Boucher, Watteau...

Ajoutez Fragonnard, reprit mon interlocuteur
avec passion, Fragonnard, ce peintre divin des
lubricités folles, des voluptés égrillardes et spiri-
tuelles, Fragonnard qui connaissait si profondément la science du nu et des décolletés piquants, Fragonnard, ce Grécourt de la peinture ;
ajoutez Fragonnard : je possède un clavecin,
un bijou, sur lequel il a tracé des scènes
adorables, de charmants camaïeux signés de son
nom.

— Je n'ai qu'une toute petite toile de ce
maître, osai-je dire modestement, mais c'est une
œuvre si blonde de ton, si mignarde dans son
déshabillé, si étonnante de facture, si parfaite
d'ensemble et enfin si grivoise de composition,
que je la tiens pour une merveille véritable.

Le sujet, quel est le sujet ? me demanda le
Chevalier hors de lui, possédé d'une furieuse
curiosité à l'idée de grivoiserie du tableau. —
Quel en est le sujet, je vous prie ?

Le sujet, mon Dieu, cela est très délicat, répondis-je lentement ; vous avez lu Brantôme,
n'est-il pas vrai ?

Les *Dames Galantes* sont pour moi un bré-
viaire.

Alors, repris-je, après ce cynisme d'impiété,
vous y avez vu décrit le sujet de mon Fragonnard, dans le *Discours premier* ; vous l'avez lu

dans la cent dix-neuvième épigramme de Martial, livre I, qui se termine par ce vers :

Hic ubi vir non est, ut sit adulterium.

Vous l'avez lu dans Lucien, dans Juvénal ; enfin mon tableau représente des *fricatrices ; Donna con Donna.*

La figure du Chevalier Kerhany était bouleversée ; ses yeux morts avaient repris un éclat surprenant ; ses lèvres s'agitaient d'étonnement, et la sueur ravinait son visage.

— Vous avez un tel tableau de Fragonnard ! exclamait-il avec admiration ; un sujet si bien traité par un tel maître, — que ce doit être beau !

Il s'approchait plus près, me demandant des détails ; il insistait sur les moindres choses , et dans l'ivresse de savoir et peut-être le désir de posséder plus tard, il m'accablait de prévenances.

Ayant voulu prendre par la curiosité cet érotomane effréné, j'avais touché juste ; il avait bondi à la description d'un sujet érotique et déjà il s'apprêtait à me réclamer de nouveaux renseignements sur l'origine de cette œuvre d'art, lorsque la foule inonda le petit salon dans lequel nous nous trouvions retirés ; la valse venait de finir, le Chevalier fut enjuponné par quelques

jolies femmes qui vinrent prendre place à ses
côtés. — L'intimité était rompue.

— Sur la fin de la soirée je le rencontrai,
et après un échange mutuel de politesses, il
me remit sa carte en m'assurant du plaisir qu'il
éprouverait à me faire les honneurs de sa Bibliothèque.

III

Quelques jours après, je sonnais à l'huis du
Chevalier de Kerhany, dont l'hôtel était situé
sur le boulevard Haussman ; — un grand diable
de laquais vêtu de paune écarlate vint m'ouvrir.
— Je traversai d'abord une vaste pièce, sorte
d'atrium décoré en style Pompéïen, où se trou-
vaient rangés des meubles romains de tous les
genres ; j'aperçus l'*accubitum*, le *biclinium*, le
triclinium; orné de ses *plagula;* le *lectulus*, et
même le *subselium*, le *seliquastrum*, le *scabellum*
et autres siéges fidèlement copiés d'après l'antique. — Le Chevalier était visible ; il se tenait
dans un petit fumoir tendu de soie havane ca-
pitonnée de satin bleu. Il me reçut avec la plus
grande cordialité, me félicitant de n'avoir pas
craint de le déranger. Nous parlâmes art et
littérature, ou plutôt femmes, car toute l'esthé-
tique de mon Erotomane semblait se réunir et
se résumer dans l'éternel féminin ; il ne voyait

la musique, la poésie, la peinture que dans un
sens de corrélation voluptueuse qu'il se plaisait
à établir malgré lui entre tous les chefs-d'œuvre
et l'amour des filles d'Ève ; — prenant chaque
génie en particulier, il me montrait avec
une verve passionnée que, dans les grandes
manifestations de l'art, on pouvait répéter le
mot d'un policier célèbre : *Cherchez la femme.*
Il me parla du sexe charmant comme un habile
général le ferait d'une forteresse dont il connaît
les coins et recoins ; exprimant avec grâce les
différentes manières d'attaquer la citadelle,
émettant des théories si audacieuses, que je ne
pourrais, même en voilant mes phrases comme
des femmes turques, les raconter ici. — Je fus
entièrement séduit par ce vieil Anacréon ; je
croyais avoir en face de moi le célèbre Duc de
Lauzun donnant des conseils à son petit-neveu,
le Chevalier de Riom, tant il annonçait de connaissances approfondies et de crânerie passionnée dans les sujets délicats qu'il avait à
traiter.

Cependant, si attrayante que fut la conversation, je ne tardai pas à réclamer du Chevalier
Kerhany la faveur de visiter son musée. Il ac-
céda avec la meilleure grâce à ma demande :
— « C'est juste, c'est juste, me dit-il en souriant,
je vous retiens ici avec mes billevésées. Passons,
si vous le voulez bien, dans la galerie des maîtres. »

Je fus introduit dans une superbe salle éclairée par une vaste baie exposée au nord ; — étourdi un instant par la splendeur des cadres et l'orgie magistrale des couleurs, je ne tardai pas à me remettre, et je pus considérer à mon aise la plus remarquable collection particulière qu'il m'ait été donné de voir. — Il y avait là des Velazquez et des Murillo, des Titien et des André del Sarte, des paysages éclatants de Ruysdaël, de Hobbema et du Poussin, des petites toiles adorables de Terburg, de Metzu, de Van Ostade, de Wouwermans, de Jan Steen, de Van der Meer; puis, dans un style plus large, des Rembrandt, des Rubens, des Jordaens, des Frans-Hals, des Ribera, des Gérard Dow, ainsi que des Antonello de Messine, des Guerchy, des Léonard de Vinci et des Paul Veronèse. — Il m'eut fallu des journées entières pour rassasier mon admiration ; il me faudrait des volumes pour exprimer les sensations que j'éprouvai. — Je m'arrachai cependant à cette féerie sublime pour faire remarquer à l'heureux propriétaire de tant de merveilles que l'art plus affadi des maîtres du dix-huitième siècle ne tenait aucune place dans sa galerie.

« Un moment, un moment, répondit-il, — ceci tuerait cela, — suivez-moi, vous ne perdrez rien pour attendre, suivez-moi, je vais vous satisfaire. »

Le Chevalier souleva une portière ; nous

nous trouvions alors dans une chambre octo-
gone dont les boiseries blanches étaient sculptées
de festons, de guirlandes et de couronnes re-
levées d'or mat : une glace immense rempla-
çait le plafond et tout à l'entour de la pièce
jusques à la cimaise étaient suspendus des
tableaux du dix-huitième siècle. — C'était,
en premier lieu, des portraits de Reynolds,
de Gainsborough, et des pastels de Latour ;
ensuite venaient Vanloo, Pater, Boucher, Lan-
cret, Fragonnard, Largillière, Nattier, Dietrich,
Le Barbier, L'Épicié et Boilly. — Ce qui donnait un caractère particulier à cette réunion de
chefs-d'œuvre, c'était la nature même du choix
des sujets : on ne voyait qu'un éblouissement
de chairs roses, qu'un rut de peaux mates, de
fossettes gracieuses ; qu'une débauche de postures allanguies et énivrantes, qu'une nuée d'a-
mours polissons et rieurs dont les lèvres s'en-
trebaisaient. — La dépravation de tout un siècle
s'étalait dans la lubricité de ces peintures, sou-
riantes de luxure et aimablement vicieuses ; les
torses cambrés, lascifs, endiablés émergeaient
des cadres, se reflétant dans la grande glace
du plafond, tandis que les jambes velues des
faunes et des sylvains nerveusement gonflées
d'un priapisme intense, semblaient secouer
dans l'air une odeur âcre de bouc qui montait
au cerveau.

Il y avait près d'une heure que je me trouvais

là, ivre de tant de beautés entrevues, brisé,
anéanti, dans un état de prostration impossible
à décrire. Le Chevalier de Kerhany jouissait de
ma surprise et de mon admiration passive, à
force d'être surexcitée : « Eh bien ! jeune
homme, me disait-il, eh bien ! que dites-vous
de mon dix-huitième siècle ? Ne croyez-vous pas
que votre Fragonnard Lesbien serait en fort
belle compagnie dans mon modeste petit musée ?
— Ce n'est pas tout, ajoutait-il, nous allons
visiter ma Bibliothèque qui compte certaines
curiosités qui seront de votre goût. — Mais...
qu'avez-vous ? — on dirait que vous vous sentez
mal ?

Je répondis furtivement, m'excusant de ne
pouvoir visiter ce jour-là les livres de mon hôte,
j'invoquai un rendez-vous pressant, et remer-
ciant le Chevalier, je sortis après avoir pris
rendez-vous pour le lendemain à la même
heure.

Le fait est que j'éprouvais un violent mal de
tête et un malaise général ; ce que j'avais vu
m'avait transporté dans un monde idéal, loin du
Paris moderne et de sa civilisation, loin du
banal et du convenu odieux. Mon imagination
s'était fatiguée dans une course échevelée à
travers l'Eden de mes rêves, et ma cervelle dan-
sait encore à soulever mon haute-forme lorsque
je me trouvai sur le boulevard.

Le Chevalier de Kerhany me paraissait, à

cette heure, un magicien sinistre, une sorte de Méphistophélès régence qui s'était amusé à plaisir de mon enthousiasme juvénile. — Je lui en voulais presque de m'avoir promené un instant dans le verger des fruits défendus, car je ne voyais plus devant moi que les petites pommes d'api, c'est-à-dire des petites parisiennes trop vêtues selon la mode, qui trottinaient allégrement, suivies par les faunes d'aujourd'hui, de gros boursiers enflés de bourse et de ventre, jouisseurs hâtifs, prêts à pénétrer dans le boudoir des Danaés sous la forme d'une pluie d'or.

IV

Le lendemain, à l'heure fixée, l'esprit plus calme et de sens plus rassis, je me trouvais chez le chevalier qui m'attendait dans sa Bibliothèque. Cette librairie était disposée dans un salon ovale; une fenêtre aux vitraux multicolores y distribuait le jour dans un prisme joyeux et le soleil tamisé par des losanges roses, jaunes ou bleus, semblait éclabousser les tapis d'orient de reflets contrariés. Les parois de la pièce étaient entièrement rayonnées de planchettes de bois de rose, recouvertes de cuir de Russie, et ornées sur les rebords de coquets lambrequins de moire vert myrthe, dentelés et effrangés, dont l'élégance se joignait à l'avantage de préserver les livres de la poussière. Tout en haut, près de la corniche, sur le dernier

rayon, dans un désordre charmant et fait pour le
plaisir des yeux, des petites statuettes se mon-
traient dans toute l'impudence de l'impudicité ;
c'étaient de sveltes Vénus n'ayant rien du rigide
classique, des groupes de baigneuses affolées,
des Sapho... avant l'amour de Phaon, des Nar-
cisses pâles et blêmes, des Hercules puissants et
aussi des suites de Phallus en bronze ayant l'esprit et le caractère singulier de ceux que l'on voit
dans *Le Musée Secret du Roi de Naples*. Je me
croyais chez un juge d'instruction après la saisie
de figurines portant atteinte à la morale publique,
tant était chaude et déréglée la composition de
cette statuaire unique.—La pièce n'avait pour tous
meubles qu'un divan circulaire, large, profond,
rebondi, habillé d'une épaisse étoffe des Indes ravissante de tons, sur laquelle étaient jetés des
coussins nombreux et variés. Çà et là quelques X
de Cèdre supportaient des cartons à estampes et
une table liseuse, aux pieds torses, à sabots d'or,
occupait le centre de la salle. Au plafond, d'une
rosace ayant la bizarrerie obscène de certaines
gargouilles moyen-âge, tombait un lustre de
bronze d'une si effrayante lubricité qu'on l'eut
dit ciselé par quelque Benvenuto Cellini atteint
de satyriasis.

Cette Bibliothèque me parut renfermer près de
deux mille volumes dont je m'approchais déjà
curieusement afin d'en parcourir les titres lorsque
le Chevalier de Kerhany m'arrêta :

« Mon jeune ami, me dit-il doucement, cette bibliothèque est un enfer bibliographique dont je suis le Pluton égoïste; ici, j'ai donné rendez-vous à tous les affamés du vice, à tous les grotesques de libertinage, à tous les condamnés de l'indignation bourgeoise, aux conceptions maladives et honteuses des cerveaux surmenés de plaisirs. Peu de visiteurs ont franchi cette enceinte; quelques jolies pécheresses seules y ont traîné l'élégance de leurs pantoufles; et si une sympathie particulière me permet aujourd'hui de faire en votre faveur ce que je n'ai fait jusqu'alors pour aucun autre Bibliophile, votre érudition sage vous placera, je l'espère, au-dessus de vos sens; cependant, je crois devoir vous prévenir : réfléchissez comme si vous alliez prendre de l'opium pour la première fois de votre vie. — Mon coupé est en bas, venez-vous faire un tour de lac?

Faites dételer, lui répondis-je en riant; je vais rendre visite à vos pestiférés.

— Dans ce cas, commencez par la droite, ajouta le Chevalier en m'indiquant les rayons les plus proches; ma Bibliothèque est graduée, — les incurables sont à gauche à l'extrémité du lieu où vous vous trouvez; — je vous laisse seul ici, dans une heure je reviens vous prendre.

La première rangée des livres que j'ouvris formait ce qu'on pourrait appeler la série des anodins : c'étaient pour la plupart des romans ou

contes piquants, écrits dans cette période voluptueuse comprise entre la Régence et la Révolu-
tion, des fantaisies Turques, Persanes ou Chi-
noises, de bonnes et inoffensives polissonneries
imprimées à Cythère avec l'approbation de
Vénus, à Érotopolis, à Cucuxopolis, ou au Palais
Royal chez une petite Lolo, marchande de
galanterie. Je vis *Grigri*; *Thémidore*; *Le Noviciat
du Marquis de *** ou l'apprenti devenu maître*;
Les Œuvres galantes de Bordes; *Le Grelot*; *Le
Roman du Jour*; *Le Sopha*; *Le Tant pis pour lui
ou les spectacles nocturnes*; les différents *Codes*:
Code de la Toilette; *Code des Boudoirs*; *Code du
Divorce*; *Code des mœurs ou la prostitution régé-
nérée*; *Code de Cythère ou lit de justice d'Amour*;
puis la *Bibliothèque des petits maîtres*, la Bibliothèque des *Bijoux*: *Les Bijoux indiscrets*; *Le
Bijou des Demoiselles*, *Les Bijoux des neuf
Sœurs*; *Le Bijou de Société ou L'Amusement
des Grâces*; les *Bijoux des petits neveux d'Arétin*
et autres; les *Caleçons des Coquettes du jour*, les
Calendriers de Cythère, *L'Almanach cul à tête,
ou étrennes à deux faces pour contenter tous les
gouts* ainsi qu'une foule d'œuvres scatologiques
et d'*ana* orduriers.

Les volumes étaient reliés admirablement en
maroquin plein, en veau uni ou agrémenté; chacun d'eux était orné de petits fers spéciaux,
d'une composition fine et originale, quelquefois
brutalement grossiers par esprit de couleur

locale ; ils étaient placés sur le dos, entre les nervures, en forme de culs-de-lampes ou frappés en
plein maroquin sur le plat des volumes en guise
d'armoiries. — Des gravures licencieuses étaient
ajoutées aux passages les plus colorés des ouvrages auxquels elles convenaient ; les gardes
même, subissaient quelquefois l'effronterie d'un
dessin graveleux et je ne pouvais m'empêcher de
songer que le livre de la plus chaste gauloiserie
se fut trouvé impitoyablement transformé par
l'érotomanie invétérée du Chevalier de Kerhany.

Au fur et à mesure que j'inclinais vers la gauche, la graduation libertine s'accentuait ; déjà
j'avais franchi les poésies gaillardes : *La Muse fo-
lâtre ; L'élite des poésies héroïques et gaillardes
de ce temps (1670); Le Parnasse satyrique du sieur
Théophile ; Le Cabinet satyrique ; Les Œuvres de
Corneille Blessebois ; Dulaurens ; Les Muses en
belle humeur ou Elite des poésies libres ; le Puce-
lage nageur ; L'Anti-Moine ; Le Parnasse du
XIXᵉ siècle* et tous les ouvrages imprimés en
Belgique, à Neufchâtel, à Freetown, avec eaux-
fortes de Rops, auxquelles s'ajoutaient de nouvelles gravures. Déjà j'avais parcouru la majeure
partie de la Bibliothèque et mes mains commençaient à trembler en ouvrant chaque livre qui
s'offrait à moi ; les petits fers prenaient des allu-
res cyniques et effrayantes ; j'eus peur de ne pas
arriver au but et j'abandonnai quelques centaines
de volumes pour atteindre l'extrême gauche.

Je me trouvais bien en effet parmi les incurables, comme me l'avait dit le Chevalier, c'était à
l'extrême gauche, le suprême du genre, le *nec
plus ultra* de la dépravation et à la fois du luxe
artistique des livres et des gravures; *Les Œuvres
badines d'Alexis Piron* touchaient *L'Amour en
Vingt Leçons* et le *Meursius François; L'Arétin*
y était représenté par le *Recueil de postures éro-
tiques d'après les gravures à l'eau-forte d'Annibal
Carrache;* par l'*Alcibiade Fanciullo à Scola;* par
l'*Arétin français* et par le livre dit : *Bibliothèque
d'Arétin;* près du *Divus Arétinus* je remarquai
*Félicia ou Mes Fredaines; Monroce ou le Liber-
tin par fatalité; les Monuments de la vie privée
des Douze Cœsars* et les *Monuments du Culte
secret des Dames Romaines;* plus loin je vis
*Justine ou Les Malheurs de la vertu; Cléontine
ou La Fille malheureuse; Juliette ou la suite de
Justine; Le Portier des Chartreux; La France
fout...; La Philosophie dans le Boudoir ; Les cri-
mes de l'amour ou le délire des Passions;* en un
mot toutes les œuvres sadiques du Marquis de
Sade, en éditions originales, avec reliures à petits
fers de rorture. — J'allais me livrer au plaisir
de regarder les manuscrits et les dessins origi-
naux; je mettais la main sur l'un des trois exemplaires connus du *Recueil de La Popelinière : Tableaux des Mœurs du Temps dans les différents
âges de la vie,* 1 vol. grand in-quarto, j'admirais
les vingt gouaches mignardement impudiques

de Carême, lorsque le possesseur de cette étonnante rareté se présenta :

— « Ah ! ah ! s'écria-t-il, vous n'y allez pas à la légère, mon cher enfant, non-seulement vous avez vu la droite, le centre droit, la gauche de mon cabinet, mais encore vous contemplez en vrai gourmet, en délicat amoureux de la chose, la merveille des merveilles, le plus rare de mes livres rares après l'*Anti-Justine* de Restif de la Bretonne ; savez-vous que la possession de mon *La Popelinière*, imprimé sous les yeux et par ordre du fermier général, m'a coûté dix ans de recherches, dix longues années de fatigues et de luttes et deux mille écus sonnants. »

— C'est à peu près le prix de mon Fragonnard Lesbien, sans omettre les luttes et les fatigues, soupirai-je avec intention.

Vous n'allez pas, je suppose, me proposer un échange ?

Qui sait ?

. . . .

Aujourd'hui le Chevalier de Kerhany est possesseur de mon Fragonnard ; ... mais, outre mes grandes et petites entrées dans son cabinet, je suis, *de par son testament*, héritier présomptif de l'*Anti-Justine* et du fameux *La Popelinière*.

FIN

RONDEAU

AU LECTEUR

Dans mes Caprices rédigés,
Imprimés, revus, corrigés,
Je m'aperçois avec grand peine
Que j'ai fait plus d'une fredaine
Dont mes Lecteurs sont affligés.

Des Errata mal fustigés,
En maint endroit se sont logés;
Je les puis compter par vingtaine
      Dans mes Caprices,

Car ces écrits très-négligés,
Ont été conçus, colligés,
Et bâclés dans une quinzaine;
S'ils courent trop la pretentaine,
C'est que je les ai propagés
      Dans mes caprices.

ERRATA*

Page 22, ligne 5, au lieu de : *si l'un de ses Bibliophobes,* lire : *si l'un de ces Bibliophiles.*

Page 35, *sous-titre,* au lieu de : *Gauchemar à la manière de Goya,* lire . *Cauchemar à la manière de Goya.*

Page 37, ligne 24, au lieu de : *Les lettres sont...,* lire : *Ses lettres sont...*

Page 46, ligne 1, au lieu de : *Germe lui,* lire : *Germe en lui.*

✠

* *Nous n'indiquons ici que les principaux Errata. Sans aucun doute, il s'en trouve quelques autres, mais leur importance est moindre et nous ne voulons pas les souligner.*

(Note de l'Éditeur).

TABLE DES MATIÈRES

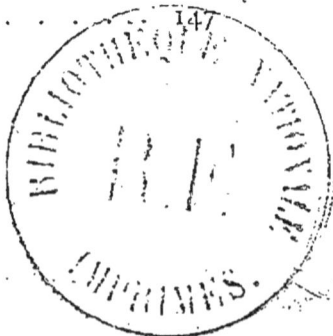

ACHEVÉ D'IMPRIMER

Sur les presses de Bluzet-Guinier

Typographe

A DOLE - DU - JURA

le 10 février 1878

Pour Édouard ROUVEYRE, éditeur

A PARIS

www.ingramcontent.com/pod-product-compliance
Lightning Source LLC
Chambersburg PA
CBHW072052080426
42733CB00010B/2089